जेम्स एक्सचेंज - एक पुरुष बच्चे की तलाश

की गवाही भूतपूर्व शैतानवादी और उच्च पदस्थ अफ़्रीकी जादूगर की यीशु से मुलाकात - जेम्स कवाल्या साक्षात्कार

James Kawalya; James Aladiran; Amanda Daniel

पुस्तक के बारे में – द जेम्सेस एक्सचेंज - द हंट फॉर ए मेल चाइल्ड

"जेम्स एक्सचेंज - एक नर बच्चे की तलाश"
जादू टोना, अंधकार में भर्ती और मसीह की मुक्तिदायी शक्ति की एक सच्ची कहानी

इस दिलचस्प खुलासे में, जेम्स कवाल्या, एक पूर्व उच्च पदस्थ अफ़्रीकी जादूगर और शैतानवादी, ब्रिटेन के मैनचेस्टर में रहने वाले एक अनुभवी मध्यस्थ और पुनरुत्थानवादी, जेम्स अलादिरन के साथ एक सहज, बेबाक बातचीत के लिए बैठते हैं, जो आध्यात्मिक युद्ध के बारे में आपकी समझ को हमेशा के लिए बदल देगी।

यह सिर्फ़ एक गवाही नहीं है–यह अंधकार की अग्रिम पंक्तियों से प्रकाश की ओर एक आध्यात्मिक बुद्धिमत्ता का संक्षिप्त विवरण है। साक्षात्कार के रूप में बताया गया, "जेम्स एक्सचेंज" शैतान के राज्य की गुप्त रणनीतियों, बच्चों को जन्म से ही अंधकार में भर्ती करने के गुप्त तरीकों और चर्चों, परिवारों और नियति के विरुद्ध शैतानी साम्राज्य के संचालन को उजागर करता है।

जन्म के समय एक शैतानी सत्ता से आध्यात्मिक रूप से विवाहित होने से लेकर चर्चों में घुसपैठ करने और उन्हें नष्ट करने के लिए भेजे गए एक एजेंट बनने तक, जेम्स कवाल्या की कहानी दुनिया भर के विश्वासियों के लिए एक चेतावनी है। लेकिन बात यहीं खत्म नहीं होती–यीशु मसीह के साथ उनकी नाटकीय मुलाकात ने एक पूर्ण आध्यात्मिक बदलाव को जन्म दिया। अब, शत्रु के खेमे की दुर्लभ

अंतर्दृष्टि से लैस होकर, उन्हें परमेश्वर द्वारा मध्यस्थों को प्रशिक्षित करने और राष्ट्रों को शिष्य बनाने का कार्य सौंपा गया है।

इस पुस्तक में आप क्या जानेंगे:
राक्षसी दीक्षा और आध्यात्मिक विवाह के अनकहे तरीके

कलीसियाएँ भीतर से आध्यात्मिक रूप से कैसे टूटती हैं–और इसे कैसे रोका जाए

शैतान पीढ़ी दर पीढ़ी पुरुष बच्चों में किन प्रवृत्तियों को अपनाता है

गुप्त और मुक्ति के क्षेत्र से प्रत्यक्ष रहस्योद्घाटन

अपने परिवार और कलीसिया पर प्रार्थना की ढाल कैसे बनाएँ

कई ईसाई आध्यात्मिक जाल में क्यों फँसते हैं–और कैसे बचें

मध्यस्थों और योद्धाओं को जगाने के लिए वैश्विक भविष्यसूचक आदेश

"अब तुम जानते हो कि तुमने कलीसियाओं को कैसे तोड़ा... अब मेरी कलीसिया बनाने के लिए एक सेना खड़ी करो।" – यीशु से जेम्स कवाल्या

यह पुस्तक एक साक्षात्कार से कहीं बढ़कर है–यह एक युद्ध रणनीति है, माता-पिता और नेताओं के लिए एक चेतावनी है, और धोखे या बंधन में फँसे लोगों के लिए मुक्ति का एक साधन है। चाहे आप पादरी हों, माता-पिता हों, मध्यस्थ हों, या सत्य के खोजी हों, अंत समय की लड़ाई में आगे बढ़ने के लिए यह पुस्तक अवश्य पढ़ें।

जैसा कि जेम्स अलादिरन कहते हैं:

"आप शारीरिक रूप से जितने अधिक मनोरंजन में होंगे, आध्यात्मिक रूप से उतने ही अधिक ऊब जाएँगे।"

इस कहानी को केवल पढ़कर ही मत जाइए–खुद को तैयार कीजिए।
जागो। मध्यस्थता करो। जीतो।
जेम्स एक्सचेंज में आपका स्वागत है।

विषयसूची

जेम्स कवाल्या के बारे में

पादरी जेम्स कवाल्या

वह सुसमाचार के एक मंत्री हैं, जिनके पास व्यक्तियों, परिवारों और समुदायों को मुक्ति और उपचार प्रदान करने की विशेष कृपा है। यीशु मसीह की शक्ति ने उन्हें 24 वर्षों के शैतानवाद और जादू-टोने से मुक्ति दिलाई।

वह युगांडा में लाइफवे चर्च ऑफ क्राइस्ट और ट्रांसफॉर्म क्रिश्चियन फेलोशिप के संस्थापक पादरी हैं। ये मंत्रालय ईश्वर के वचन के माध्यम से पीढ़ियों के बीच आशा का पुल बनाते हैं। आप इस लिंक के माध्यम से मंत्रालय की वेबसाइट पर जा सकते हैं - https://jameskawalyaministries.org/

जेम्स विभिन्न राष्ट्रों को परिवर्तन पुनरुत्थान, नेताओं के सम्मेलनों, उपचार स्कूलों और पुनरुद्धार धर्मयुद्धों में नेतृत्व कर रहे हैं। जेम्स पादरी जूलियट कवाल्या से विवाहित हैं और वे कंपाला - युगांडा में रहते हैं।

वह बुलाहट के द्वारा मध्यस्थ है।

उन्होंने कई किताबें लिखी हैं जिन्हें आप Amazon.com से मंगवा सकते हैं।

1) गहरे अंधकार से मुक्ति - https://www.amazon.com/DELIVERED-DEEP-DARKNESS-JAMES-KAWALYA/dp/B0CKZBB418/
2) मेरे पिता के घर में बंधनों से मुक्ति - https://www.amazon.com/FREEDOM-BONDAGES-MY-FATHERS-HOUSE/dp/B0D1S7RPD7

जेम्स ए लादिरन के बारे में

जेम्स अलादिरन प्रार्थना स्टॉर्म के संस्थापक हैं, जो एक ऐसा आंदोलन है जो यीशु के लिए समर्पित, प्रार्थना के लिए प्रतिबद्ध और पवित्रता की खोज में कट्टरपंथी विश्वासियों की एक पीढ़ी को बढ़ाने के लिए भावुक है। जेम्स अपनी पत्नी रेबेका और अपने दो बच्चों के साथ मैनचेस्टर, यूके में रहते हैं।
जेम्स प्रार्थना स्टॉर्म नामक आराधना और मध्यस्थता के आंदोलन का नेतृत्व करते हैं, जो चर्च को प्रार्थना करने के लिए तैयार करता है और साथ ही यू.के. भर से लोगों को इकट्ठा करके राष्ट्र के लिए उपवास और प्रार्थना करने के लिए प्रेरित करता है, ताकि वे एक महान आध्यात्मिक जागृति के लिए ईश्वर पर विश्वास करें। मई 2009 में शुरू होने के बाद से प्रार्थना स्टॉर्म एक उत्प्रेरक आंदोलन बन गया है, जिसमें कई लोगों ने हृदय से मध्यस्थता को देखा है, चर्चों, स्कूलों, विश्वविद्यालयों और कार्यस्थलों में नियमित प्रार्थना सभाएँ शुरू की हैं।

जेम्स ने मैसेज ट्रस्ट (मैनचेस्टर में स्थित ओ.बी.ई. एंडी हॉथोर्न के नेतृत्व में एक इंजीलवादी युवा आंदोलन) में भी काम किया है, जो 7 वर्षों तक आंदोलन के लिए प्रार्थना रणनीति का समन्वय करता रहा है और उसने कई लोगों को ईश्वर पर विश्वास करते हुए देखा है, प्रार्थना की शक्ति

के माध्यम से ईश्वर प्रदान करते हैं और चमत्कारी चीजें करते हैं। प्रार्थना स्टॉर्म की वेबसाइट https://www.prayerstorm.org है

जेम्स एडेनिरन द्वारा लिखित पुस्तकें

जीवन में आग: प्रार्थना, पवित्रता और शक्ति का व्यक्ति बनना
- https://www.amazon.com/Life-Fire-Becoming-person-prayer-ebook/dp/B093DN6L51

अध्याय 1 - जेम्स कवाल्या और जेम्स अलादिरन साक्षात्कार परिचय

जेम्स कवाल्या

जेम्स अलादिरन

[जेम्स कवाल्या]

मुझे याद है कि एक बार मैं किंडरगार्टन के शुरुआती सालों में था, मैंने टीचर की तरफ देखा, शायद उसने मुझ पर चिल्लाया हो, और वह अंधी हो गई हो। क्या? उन्होंने मुझे पकड़ लिया, मुझे लाशों वाली एक गुफा में डाल दिया, और तीन दिनों के लिए बंद कर दिया और तीन रातें.

अब उसके आस-पास प्रार्थना करने वाले लोगों की वजह से वह आत्मा में ऊपर उठ सकता था और एक अधिकारी की तरह बन सकता था। उसने मुझे पैड पर मारा, और वह एक शब्द भी नहीं बोल रही थी, बस मेरी तरफ देख रही थी। तब मुझे पता चला, अब यह वापस आ गया है।

क्योंकि मैंने कभी इस तरह का सामना नहीं किया था।

[जेम्स अलादिरन]

प्रार्थनास्टॉर्म टीवी में आपका स्वागत है। आज हम उन सबसे गहरी गवाही में से एक पर चर्चा करने जा रहे हैं जो मैंने जादू-टोने और तंत्र-मंत्र से मुक्ति के बारे में सुनी है। और मैं इस गवाही को लेकर बहुत उत्साहित हूँ।

मैं 2017 में इस व्यक्ति से मिला था, और इस गवाही ने मेरे जीवन को मौलिक रूप से प्रभावित किया। अब, मेरे पास एक पृष्ठभूमि है, मैं आधा घाना और आधा नाइजीरियाई हूं। और जिस तरह की पृष्ठभूमि मेरे पास है, आप में से कुछ जो देख रहे हैं, उनकी पृष्ठभूमि मेरे जैसी ही है।

आप शायद नाइजीरियाई या घानाई या अफ़्रीकी हैं। आपने ऐसे लोगों की गवाही सुनी होगी जो जादू-टोने से मुक्त हुए हैं, या जिनका यीशु से

सामना हुआ है और उन्होंने बताया है कि यीशु ने उन्हें कैसे मुक्त किया। और मैंने इस तरह की कई गवाहियाँ सुनी हैं।

हालाँकि, यह जो हम सुनने वाले हैं, मेरी राय में, यह सबसे तीव्र और गहरी गवाही में से एक है जो मैंने सुनी है। और मुझे विश्वास है कि परमेश्वर इस गवाही का उपयोग आप पर महत्वपूर्ण तरीके से प्रभाव डालने के लिए करेगा। इसलिए मैं चाहता हूँ कि आप जुड़े रहें।

अब, हमारे आज के अतिथि, हमें वास्तव में इस गवाही को रिकॉर्ड करने के लिए युगांडा से इतनी दूर तक उड़ान भरनी पड़ी। क्योंकि जब मैंने कई साल पहले यह सुना था, तो मैं बहुत प्रभावित हुआ था। मैं उनसे जुड़ गया, और हम कुछ सालों से जुड़े हुए हैं।

और भगवान ने हमें उसे मैनचेस्टर लाने में सक्षम बनाया। तो पहली बार, यह यूके में उसका पहला मौका है। और मैं उत्साहित हूं कि हम आज उससे सुनने जा रहे हैं।

तो क्या आप मेरे साथ युगांडा से जेम्स कवालिया का स्वागत करेंगे। जेम्स, मैनचेस्टर में आपका स्वागत करना अच्छा है। आमीन।

मैं भगवान का शुक्रिया अदा करता हूं कि मैं यहां हूं।

[जेम्स कवाल्या]

और यह मेरा यू.के. में पहला मौका है। और प्रभु का समय सबसे अच्छा है। मुझे पता है कि यह पहली बार है जब मैं इन फ़ोल्डरों में अपनी गवाही दर्ज कर रहा हूँ।

मैं अपनी अधिकांश बातें अलग-अलग मंचों पर साझा करता रहा हूँ। लेकिन यह पहली बार है जब मैं अपनी जीवन की गवाही साझा करने

के लिए रिकॉर्डिंग में बैठा हूँ। इसलिए मैं इस अवसर के लिए ईश्वर का धन्यवाद करता हूँ।

और कई बार जब मैं अपनी गवाही साझा करता हूँ, तो ऐसा लगता है कि मैं उन अनुभवों से गुज़र रहा हूँ। मुझे अनुग्रह की ज़रूरत है। कभी-कभी दर्द वापस आ जाता है, उस चीज़ का दर्द जिससे मैं गुज़रा हूँ।

लेकिन मैं भगवान का शुक्रिया अदा करता हूँ कि अब कई सालों के बाद, अब 23 साल हो गए हैं जब से मैंने अपना जीवन यीशु मसीह को समर्पित किया है। और ये 23 साल अद्भुत रहे हैं। मैंने भगवान की अच्छाई देखी है।

और साथ ही, जब हम इस यात्रा की शुरुआत कर रहे हैं, तो मैं लोगों को बताना चाहता हूँ कि इसका उद्देश्य यीशु की महिमा करना है। शैतान की नहीं, शैतान क्या कर सकता है या उसने क्या किया है, इसकी नहीं।

[जेम्स अलादिरन]

लेकिन आखिरकार, यीशु ही विजेता है। इसलिए यही कारण है। इसलिए मुझे खुशी है कि मैं यहाँ हूँ।

मैं आपको यहाँ मैनचेस्टर में पाकर बहुत उत्साहित हूँ। क्योंकि जैसे-जैसे हम आपकी गवाही के विवरण में जाएँगे, मैं आपसे आपके अतीत में हुई घटनाओं के बारे में प्रश्न पूछूँगा। और जब आप उन्हें साझा करेंगे, तो ऐसी बातें होंगी जो, आप जानते हैं, मुझे यकीन है कि बहुत से लोग समझ भी नहीं पाएँगे।

क्योंकि हमारे पास बहुत सारे लोग हैं जो इसे देख रहे हैं। अफ्रीकी पृष्ठभूमि के लोग इससे जुड़ सकते हैं। आपमें से कुछ लोग पश्चिमी पृष्ठभूमि से हैं।

और हो सकता है कि आप रहस्यवाद की कुछ गहराई को न समझ पाएं। वास्तव में, इनमें से कुछ बातें आपको तब चौंका देंगी जब आप सुनेंगे, आप जानते हैं, कि लोग किस हद तक अंधकारमय गतिविधियों में लिप्त हैं। लेकिन मैं जानता हूँ कि जैसा कि जेम्स ने कहा, परमेश्वर इसका उपयोग अपने नाम की महिमा के लिए करने जा रहा है।

और मैं इस गवाही में जाने से पहले यह भी बताना चाहता हूँ कि अभी आप एक पादरी हैं। आप युगांडा में एक चर्च का नेतृत्व करते हैं।

और परमेश्वर द्वारा उद्धार मंत्रालय में आपको अविश्वसनीय तरीकों से इस्तेमाल किया जाता है। चमत्कार और परमेश्वर की प्रेरणा। वास्तव में, मुख्य रूप से आप एक मध्यस्थ हैं।

आप रणनीतिक रूप से उपयोग किए जाते हैं। क्या आप हमें कुछ ऐसी चीज़ों के बारे में बताना चाहते हैं जो आप अभी करते हैं? मैं लाइफ़वे इंस्टीट्यूट ऑफ़ डिलीवरेंस नामक एक मंत्रालय का नेतृत्व कर रहा हूँ।

[जेम्स कवाल्या]

हम जो करते हैं और जिसके लिए परमेश्वर ने मुझे बुलाया है, वह है मध्यस्थों को रणनीतिक रूप से प्रशिक्षित करना ताकि वे प्रार्थना करें और परमेश्वर के लिए क्षेत्रों पर कब्ज़ा करें। इसलिए ज़्यादातर मैं चर्च का पादरी नहीं हूँ, हालाँकि मैंने चर्च की शुरुआत की थी। हमारे पास चर्च का पादरी बनने के लिए दूसरे पादरी हैं।

हम युगांडा में एक ईसाई टेलीविजन स्टेशन भी चला रहे हैं, उपासना टेलीविजन, सिर्फ़ उपासना और प्रार्थना के लिए। यीशु से मिलने और प्रार्थना की शक्ति को देखने के बाद प्रभु ने मुझे जो कुछ करने को कहा, उनमें से एक यह भी है। वैसे, मैं फिर से जन्म लेने से पहले ही प्रार्थना की शक्ति को जानता था।

मैं लोगों से प्रार्थना करते हुए मिलता रहा और सोचता रहा कि वे किस तरह के जीवन जी रहे हैं। एक उदाहरण, शायद इसे बाहर लाने के लिए, यह है कि मैं अभी भी रहस्यवाद में था और मैं कंपाला शहर में था। और मुझे याद है कि मुझे हमारे नेताओं से शहर खाली करने और शहर से 70 मील दूर रहने और हमारे सभी संचालन को हटाने का निर्देश मिला क्योंकि भगवान का एक आदमी शहर में आ रहा था।

और मुझे याद है कि हमें बताया गया था कि अगर हम उस शहर में रहेंगे जहाँ वह आदमी है, तो उसकी प्रार्थना हमें मार देगी, या हमें धर्मांतरित कर देगी। और मुझे याद है कि निर्देश था कि 70 मील दूर शहर से बाहर रहें, लेकिन उसके जाने के 21 दिन बाद भी शहर में प्रवेश न करें। तो मैं अभी भी रहस्यवाद में था और मैं सोच रहा था, यह किस तरह की शक्ति है?

क्योंकि मैं उस शक्ति को जानता था। मैं शैतान को जानता था। मैं जानता था कि मैं इस तरह की शक्तियों में था।

लेकिन फिर हमें चेतावनी दी गई कि शहर में उस आदमी के आस-पास न रहें। वह आदमी मौरिसियो रूरो था। इसलिए वह शहर में आ रहा था।

और मुझे याद है कि हमें कहा गया था कि 70 मील दूर शहर से बाहर रहें और अगले 21 दिनों तक शहर में प्रवेश न करें। क्योंकि 21 दिनों के

बाद भी, उनकी शक्ति, उनकी शक्ति का प्रभाव 21 दिनों के शहर में रहने के बाद भी वातावरण में बना रहता है। इसलिए मुझे प्रार्थना की शक्ति का पता था।

इसलिए जब मैं मसीह के पास आया, तो प्रभु मुझसे कह रहे थे, ठीक है, तुमने गलतियाँ, गलतियाँ देखी हैं। क्योंकि मसीह के पास आने से पहले मैं जो काम कर रहा था, उनमें से एक था चर्चों से लड़ना और चर्चों को तोड़ना। और प्रभु कह रहे थे, अब तुम जानते हो कि तुमने इन चर्चों को कैसे तोड़ा।

और आप जानते हैं कि क्या गलतियाँ और कमज़ोरियाँ थीं। तो क्या आप दुनिया भर में मध्यस्थों की एक सेना को प्रशिक्षित कर सकते हैं ताकि वे शिष्यत्व शुरू कर सकें। इसलिए हम श्रीलंका जैसे देशों के साथ काम कर रहे हैं।

हम श्रीलंका में काम करते हैं। मैं सिंगापुर में काम करता हूँ। मैं बोत्सवाना में काम करता हूँ।

मैं गैबॉन में काम करता हूँ। और कुछ जगहों पर मैं काम कर रहा हूँ।

[जेम्स अलादिरन]

आप यूरोप में भी कुछ स्थानों पर गए हैं।

[जेम्स कवाल्या]

हम म्यूनिख में काम कर रहे हैं। हम म्यूनिख में मध्यस्थों को बढ़ाने और युवा लोगों को मध्यस्थता करने के लिए प्रशिक्षित करने का एक बड़ा काम कर रहे हैं। और फिर वे प्रार्थना में राष्ट्रों पर कब्ज़ा कर लेते हैं।

तो मेरी एक बुलाहट है, लोग मुझे प्रेरित कहते हैं, दूसरे पादरी। लेकिन मेरी बुलाहट मध्यस्थ की है। तो मुझे नहीं पता कि आप मुझे मध्यस्थ जेम्स कह सकते हैं या नहीं।

[जेम्स अलादिरन]

मुझे यह पसंद है। मुझे यह पसंद है। तो अब हम शुरुआत में वापस चलते हैं।

अध्याय 2 - आपकी सबसे पुरानी यादें क्या हैं?

[जेम्स कवाल्या]

मेरी याददाश्त, जब मैं लगभग तीन साल का था, मुझे एहसास हुआ कि मैं अपने घर में अपनी माँ और मेरे चाचा, मेरी माँ के भाई के साथ रह रहा था, और कोई और नहीं था। और यह अजीब था क्योंकि मैं सोच रहा था कि दूसरे लोग हमारे घर क्यों नहीं आते हैं। बाद में मुझे एहसास हुआ कि जब मैं तीन महीने का था, तो मेरे पिता और मेरी बहनें घर छोड़कर चले गए और घर में, घर में होने वाली अजीबोगरीब चीजों के कारण वापस नहीं लौटे।

अब, मुझे नहीं पता कि क्या हुआ, अजीबोगरीब चीजें। जब तक मेरी माँ ने मुझे कहानी नहीं सुनाई, तब तक मैंने नहीं देखा। लेकिन जब मैं तीन साल का था, तो मुझे जो घटना याद है, वह मेरे चाचा की मृत्यु है।

जब मैं तीन साल की थी तब मैंने जादू-टोना की शिक्षा लेनी शुरू की।

[जेम्स अलादिरन]

मैं चाहता हूँ कि हम आपके चाचा की मृत्यु पर वापस आएँ। लेकिन इससे पहले कि हम उस पर वापस आएँ, क्या आप हमें बता सकते हैं कि आपके जन्म से पहले क्या हुआ था? क्योंकि यह आपकी यात्रा को समझने का वास्तव में महत्वपूर्ण हिस्सा है।

माँ का विवाह और लड़के की चाहत

हमें बताएं कि आपकी मां के साथ क्या चल रहा था, उनका वैवाहिक जीवन कैसा था और एक बेटा पाने की उनकी बेचैनी क्या थी, जिसने आपके इस दुनिया में आने की नींव रखी।

[जेम्स कवाल्या]

इसलिए मैं 12 साल की उम्र में अपने जन्म की कहानी सुनने आया था और यह भी कि मैं अजीब क्यों था। अब, 12 साल की उम्र तक, मैं पहले से ही रहस्यवाद में डूबा हुआ था। जब मैं नौ साल का था, तब मुझे चुड़ैलों का प्रशिक्षक बना दिया गया था।

सात साल की उम्र में मैं एक प्रादेशिक चुड़ैल थी और एक इलाके की प्रभारी थी। मेरे पास अजीबोगरीब शक्तियां थीं। मेरी मां से भी बड़े लोग, राजनेता, व्यवसायी शक्तियों के लिए मेरे सामने झुक सकते थे।

तो मैं सोचता रहा, मुझे ये सारी शक्तियाँ कहाँ से मिलीं? मैं कहाँ अजीब हूँ? लेकिन मेरी माँ कहती रही, मुझे इन शक्तियों से मुक्ति पाने के लिए अलग-अलग जादूगरों के पास ले चलो।

लेकिन कई बार, हम इन जगहों पर, जादूगरों के पास जा सकते थे, और जादूगर मेरी माँ को भगा सकते थे, यह दावा करते हुए कि जब वह मुझे उनके पास ले जाती है, तो मैं उनकी शक्तियाँ चुरा लेता हूँ। इसलिए चुड़ैलों, जादूगरों, डिजाइनरों, यहाँ तक कि वे भी मुझसे नफरत करते थे क्योंकि इस लड़के, इस बच्चे के पास अजीब शक्तियाँ थीं। इसलिए मेरी माँ ने मुझे पेम्बा में एक आदमी के पास ले जाने का फैसला किया।

पेम्बा तंजानिया में है, हिंद महासागर में, जिसे सुल्तान कहा जाता था। तो इस यात्रा में, उसने कहा, मैं तुम्हें इस आदमी के पास ले जाऊंगी, और यह आदमी तुम्हारी मदद करने वाला है। तो तभी मैंने पूछा।

मुझे याद है कि हम दार एस सलाम में थे। हम बंदरगाह पर पेम्बा जाने के लिए नौका पकड़ने की कोशिश कर रहे थे। और मैंने उससे पूछा, लेकिन माँ, मुझे कुछ बताओ।

मैं अजीब क्यों हूँ? और जब मैंने देखा तो मैं समझ गया, मुझे याद है मैंने अपनी माँ की तरफ देखा, और इस बार वह मुझे यह बताने के लिए बेताब थी कि, कृपया, क्या आप हमारे जाने के रास्ते में हस्तक्षेप नहीं कर सकते? कृपया हस्तक्षेप न करें।

इसलिए मुझे यह समझाने के लिए कि मैं हस्तक्षेप न करूं, मेरी शक्तियाँ, एक लड़के के रूप में मेरे पास जो शक्ति थी, हम कहाँ जा रहे हैं, इसलिए उसे मुझे अपने जीवन की कहानी बतानी पड़ी। वह कैसे इस स्थिति में पहुँची। तो वह मुझे यही बताती है।

वह कहती है, जब उसकी शादी हुई, तो उसने मेरे पिता से शादी की, क्योंकि उसके पिता की मृत्यु हो गई थी। और उसके पिता एक अमीर सरदार थे। और वह इकलौती बेटी थी, और उसका एक भाई था, जो उस समय मेरा चाचा था।

और जब उसके पिता की मृत्यु हुई, तो वह कहती है, वह परिवार को जानती थी। अफ्रीका में, ज़्यादातर मामलों में, परिवार हर संपत्ति पर कब्ज़ा कर लेता था। इसलिए उसे सुरक्षा की ज़रूरत थी।

तो भगवान की कृपा से, वह कहती है, उस समय जब उसके पिता की मृत्यु हो गई, और वह हताश थी, वह सिर्फ एक युवा महिला थी, तब मेरे पिता ने उसके साथ डेटिंग शुरू कर दी। मेरे पिता एक प्रतिष्ठित परिवार से आते थे, एक बहुत ही प्रसिद्ध परिवार और बहुत मजबूत, उसने सोचा कि यह आदमी, अगर वह उससे शादी करता है, तो उसे सुरक्षा मिलेगी। इसलिए वह परिवार में शामिल हो गई।

अब, मेरे पिता भी उससे शादी कर रहे थे क्योंकि उन्हें बताया गया था कि वे एक जवान लड़की ढूँढेंगे, जल्दी शादी करेंगे और जितने संभव हो सके उतने बच्चे पैदा करेंगे। क्योंकि मेरे पिता, एक सरदार के बेटे, एक प्रधानमंत्री के बेटे होने के नाते, वे इकलौते बेटे थे। भाई की मृत्यु हो चुकी थी।

उसकी सात बहनें थीं, इकलौता बेटा था। इसलिए वे सोचती थीं कि अब तुम्हें एक औरत चाहिए, बच्चे पैदा करने चाहिए और राजगद्दी के लिए एक वारिस पैदा करना चाहिए, जैसे कि मुखिया का पद। इसलिए उसने बेटा पाने के उद्देश्य से शादी कर ली।

तो जब उसकी शादी हुई, तो मेरे पिता और मेरी माँ ने भी शादी कर ली। उसने बच्चे को जन्म दिया। पहला बच्चा एक लड़की थी।

दूसरा बच्चा भी लड़की है। तीसरा बच्चा भी लड़की है। अब चौथे बच्चे के आने पर पूरा परिवार, मुखिया, जनजाति, सभी को लगता है कि यह महिला बेकार है।

क्योंकि मेरे कबीले में अगर आपके पास सिर्फ़ लड़कियाँ हैं, तो वे कहते हैं कि आपके बच्चे नहीं होंगे। इसलिए वे एक वारिस चाहते थे। इसलिए हताश होकर उसने कोशिश की, वह देश के अलग-अलग हिस्सों में अलग-अलग जादूगरों के पास गई।

तो वह चली गई। उन्होंने उससे कहा, हम तुम्हें गर्भधारण करने में मदद करेंगे। फिर उसने पाँचवाँ बच्चा भी गर्भधारण किया, जो अब एक लड़की थी।

वह अलग-अलग जादूगरों, अलग-अलग वेदी, अलग-अलग योजनाओं के पास गई। और फिर से गर्भवती हुई, छठा बच्चा भी लड़की का। और

उसने मुझे बताया कि वह बहुत हताश थी क्योंकि उसे पता था कि अगर उसे बेटा नहीं मिला, तो वह अपनी शादी खो देगी।

और अब उसकी ज़िंदगी बर्बाद हो जाएगी। उस समय, उसने मुझे बताया कि किसी ने उसे बताया कि कोई है जो उसे बेटा पैदा करने में मदद कर सकता है। वह युगांडा और युगांडा के बाहर, सभी तरह के वेदियों के पास गई थी।

उसने अलग-अलग जगहों की यात्रा की थी और अलग-अलग त्याग किए थे। उसके पास पैसे थे। वह अपनी संपत्ति बेचकर गर्भधारण करने के लिए अलग-अलग जगहों की यात्रा कर सकती थी।

तो इस विशेष यात्रा पर जहाँ वह गई, उसे तंजानिया के एक जंगल में जाने के लिए कहा गया। तंजानिया में एक जगह है, उत्तरी तंजानिया। वहाँ एक जगह थी।

तो वह वहाँ चली गई। और उसे एहसास हुआ कि जब वह उस जगह पहुँची, तो उसे कहा गया कि उसे कपड़े उतारकर सात दिनों तक जंगल में रहना होगा, शुद्धिकरण से गुजरना होगा। वाह।

इससे पहले कि वह उस व्यक्ति के सामने आए जो उसकी मदद करे। अब, इससे पहले कि मैं... यहाँ एक बात है जो मैं चाहता हूँ कि हम ध्यान दें कि वह अंधकार का राजा था।

लेकिन वे पवित्रीकरण और शुद्धिकरण के सिद्धांत को समझते हैं। हाँ। अब मैं यह समझ गया हूँ।

इसलिए वे उससे कहते हैं कि तुम्हें कपड़े उतारने होंगे, जंगल में ठंड में रहना होगा, सात दिनों तक कुछ भी पका हुआ नहीं खाना होगा। इसलिए सात दिनों के बाद, तुम इतनी साफ हो जाती हो कि इस

पुजारी के सामने पेश हो सकती हो जो उसकी मदद करने वाला था। इसलिए जब वह सात दिनों के बाद सामने आई, तो उसने कहा कि यह पुजारी एक महिला थी जो हमेशा जंगल में रहती थी।

[**जेम्स अलादिरन**]

और वह पूरे महाद्वीप की मुख्य चुड़ैल थी, क्योंकि सभी जादूगर... आपका मतलब पूरे देश से है? अफ्रीका का।

महाद्वीप नहीं। रुको, वह पूरे अफ्रीका महाद्वीप की मुख्य चुड़ैल थी। अफ्रीका की।

बहुत खूब।

[जेम्स कवाल्या]

सभी चुड़ैलें, सभी जादूगर, सभी जादूगर, सभी राजनेता, नेता शक्तियों के लिए उसके पास जा सकते थे। इसलिए वह जंगल में रहती थी, वह महिला, वह पुजारी। और उसका केवल एक स्तन था, जैसे छाती के बीच में एक स्तन।

[जेम्स अलादिरन]

इसलिए जो लोग उससे मिलने जाते थे, उन्हें अक्सर इसी तरह की रस्में निभानी पड़ती थीं। इसी तरह की रस्में। उन्हें सात दिनों तक जंगल में रहना पड़ता है।

नंगा। पत्ते और अन्य चीजें खाता हुआ।

[जेम्स कवाल्या]

सात दिनों तक पत्ते और फल खाओ। और फिर सात दिनों के बाद तुम उसके सामने पेश हो जाओ। यही उनकी रस्म थी।

और ऐसा लग रहा था कि हर किसी को इस स्थिति से गुजरना होगा। तो उसे... वहाँ बहुत से लोग थे।

अफ्रीका की महाद्वीपीय चुड़ैल के साथ माँ की मुलाकात

तो उसने कहा कि जब वो प्रकट हुई, जब वो उसके पास आई, तो उसने उस चुड़ैल को देखा, उस पुजारी ने मेरी माँ को देखा और कहा, चले जाओ। मैं तुम्हारी मदद नहीं करूँगा। तो वो सात दिनों से जंगल में है।

अब वह चली जा रही है। अब वह यह कह रही है। उसने मुझे यही बताया।

उसने कहा कि जब वह जा रही थी, तो उसने आसमान में देखा और एक संकेत देखा, कुछ ऐसा जो उसे बता रहा था कि उसका एक बेटा है। उसे बिल्कुल भी पता नहीं था। इसलिए वह चली गई, वह उस जगह पर वापस चली गई जहाँ वे पंजीकरण करते हैं और उसने उनसे कहा, कृपया, मैं फिर से जाकर प्रयास करना चाहती हूँ।

फिर वे उससे कहते हैं, लेकिन अगर तुम फिर से कोशिश करोगी, तो तुम्हें फिर से सात दिन और गुजारने होंगे। अब, वह सात दिन और गुजार चुकी है, और फिर वह सात दिन और गुजार चुकी है, 14 दिन। बाद में, मैं आपके साथ साझा करूँगी, जब मैं बीमार थी, मेरे प्रसव, मुझे प्रसव के उसी चक्र से गुजरना पड़ा, सात दिन और फिर सात दिन, लेकिन अब चर्च की सेटिंग में।

क्योंकि मैं लोगों को बताना चाहता हूँ कि मुक्ति मुफ़्त है, लेकिन मुक्ति एक कीमत है, समर्पण और अलग होने की कीमत। तो उसने कहा कि, तो दूसरी बार, अगले सात दिनों में, वह प्रकट होने जाती है। और जब चुड़ैल, जब पुजारिन ने उसे देखा और कहा, तुम वापस आ गई हो, तुम वापस आ गई हो।

फिर मेरी माँ ने मुझसे कहा, ठीक है, मैं वापस आ गई हूँ, लेकिन तुम्हें मेरी मदद करनी होगी। फिर यह महिला उसकी ओर देखती है और कहती है, ठीक है, मैं तुम्हारी मदद कर सकती हूँ, लेकिन मैं देख सकती हूँ, अब मुझे नहीं पता कि वे किस आँख का इस्तेमाल कर रहे थे। मैं आत्मा में देख सकती हूँ, तुम्हारा एक बेटा है, लेकिन वह चट्टानों में बहुत दूर है।

वह चट्टानों में बहुत दूर है। अब यह मेरी माँ का कथन है। वह चट्टानों में बहुत दूर है और उस पर एक अजीब सितारा है।

अगर मैं उसे बाहर निकालूंगा, तो वह हमारी शक्तियों के लिए एक समस्या बन जाएगा। मैं सिर्फ़ यही कर सकता हूँ कि तुम बलिदान दो, लेकिन साथ ही अगर तुम हमारी शर्त को स्वीकार कर सको। तो मेरी माँ ने पूछा, कौन सा बलिदान?

उन्होंने उससे कहा कि मुझे नौ महीने के लिए सात गायें देनी होंगी। यानी 63 गायों की बलि देनी होगी। फिर कहा, ठीक है, मैं ऐसा कर दूंगा।

क्योंकि वह हताश थी और उसके पास साधन थे। फिर उन्होंने उससे कहा, ठीक है। नौ महीने तक हर महीने सात गायें।

नौ महीने तक। यानी 63 महीने। तो फिर शर्त यह थी कि अगर तुम गर्भवती हो और बच्चे को जन्म दो और लड़का हो तो तुम वादा करो कि तुम उसे उस महिला यानी राजकुमारी को पति के रूप में पेश करोगे।

वह नहीं जानती थी कि इसका क्या मतलब है। वह नहीं जानती थी कि इसका क्या मतलब है। वह नहीं जानती थी कि यह वही है।

और फिर उन्होंने उससे कहा, ठीक है, जब तुम बच्चे को जन्म दोगी, तो तुम्हें उस बच्चे को पहले दिन के खत्म होने से पहले जंगल में ले जाना होगा। सूरज ढलने से पहले। वह मुझसे कहती है कि उसे नहीं पता था कि मैं किस काम में शामिल था।

इसलिए वह वहाँ से चली गई, बलि चढ़ाकर घर लौटी। वह गर्भवती हो गई। आश्चर्य की बात यह रही कि उसने एक लड़के को जन्म दिया।

अब, प्रतिज्ञा यह थी कि उस लड़के को शहर से, जहाँ उसने जन्म दिया था, लगभग 300, शायद 400 किलोमीटर दूर जंगल में ले जाया जाएगा। और वह 1975 था। परिवहन के साधन उतने अच्छे नहीं थे।

मुझे नहीं पता कि वह कैसे यात्रा करती है। इसलिए वह मन्नत पूरी करने के लिए कंपाला शहर से यात्रा करती है। वह मुझे बताती है कि उसे सबसे ज़्यादा हैरानी इस बात की हुई कि जब वह इस बार जंगल में पहुँची, तो उसने कोई रस्म नहीं निभाई, लेकिन वहाँ एक शादी की तरह माहौल था।

अध्याय 3 - 60 वर्षीय चुड़ैल और 1 दिन के बच्चे की शादी

सैकड़ों लोग इकट्ठे हुए थे। उन्हें पता था कि वह आ रही है। किस लिए इकट्ठे हुए थे?

[जेम्स अलादिरन]

और उसे एहसास हुआ कि अब उसके एक दिन के बेटे और 60 वर्षीय महिला की शादी होने जा रही है। तो आप में से जो लोग देख रहे हैं, मुझे नहीं पता कि आप समझ पाए हैं कि उसने अभी क्या कहा है। जिस दिन वह पैदा हुआ, जिस दिन आप पैदा हुए, आपकी शादी एक 60 वर्षीय चुड़ैल से हुई।

एक 60 वर्षीय चुड़ैल जो अफ्रीका महाद्वीप की ग्रैंडमास्टर चुड़ैल थी। यह आश्चर्यजनक है।

[जेम्स कवाल्या]

और उसने मुझे बताया कि शादी का आयोजन पहले महाद्वीप की चुड़ैलों ने किया था, और फिर सूबा के बिशप भी आए और जंगल में एक दिन के बच्चे और 60 वर्षीय महिला के बीच शादी करवाई। वाह। तो यह भी तब था जब उसने मुझे बताया, मैंने कहा, हाँ, बिशप का जवाब, जो मुझे पता था।

बाद में मैं बताऊँगी कि वह मेरे जीवन में कैसे शामिल हुआ। और अब उसने मुझे उसी बिशप से जादू-टोने से लेकर गुप्त विद्या में स्थानांतरित कर दिया क्योंकि वे दोनों अलग-अलग हैं। इसलिए जब वह वहाँ

पहुँची, तो वहाँ सभी लोग थे, महाद्वीप के विभिन्न हिस्सों से उत्सव मनाने वाले लोग शादी के लिए जंगल में आए थे।

अब, उसके अनुसार, यही वह क्षण था जब यह महिला, चुड़ैल, अपनी शक्तियों को लड़के, एक दिन के लड़के में स्थानांतरित करने वाली थी। अब, मैं एक दिन का था। मुझे नहीं पता था कि क्या हो रहा था।

तो अनुष्ठान के बाद, समारोह के बाद, उत्सव के दिन और क्या, शादी, विवाह आयोजित किया जाता है, वाचा और सभी बलिदान। तो वे उससे कहते हैं, तुम्हें पता है, अब यह बच्चा सिर्फ एक बच्चा नहीं है। यह अब एक आदमी है, इसलिए तुम उसे स्तनपान नहीं कराओगी क्योंकि अब वह पहले से ही किसी का पति है।

और उसने मुझे बताया कि उसने मन ही मन सोचा, अच्छा, अच्छा, अच्छा, ठीक है, मैं घर जाऊंगी। ये लोग वहां नहीं होंगे। मुझे अपने बच्चे को स्तनपान कराना है।

तुम्हें पता है, मैंने बहुत कुछ सहा है। मैंने कीमत चुकाई है। मैंने ये सब किया है।

जैसे कि वह इस बच्चे को संभाल कर रखे हुए था। इसलिए वह घर लौट आई। जब वह घर गई, तो मेरे पिता ने पूछा, तुम कहाँ थीं?

तो क्या तुम्हारे पिता को पता था कि वह क्या कर रही थी? उन्हें नहीं पता था। उन्हें नहीं पता था।

क्योंकि जब वह अस्पताल से बाहर निकली, तो वह बस वहीं चली गई। तो मेरे पिता, मेरी पत्नी कहाँ है? वह हमें देख रही है।

तो जब वह प्रकट हुई, तब आप कहां थे?

[जेम्स अलादिरन]

इसलिए उसे इस बात का बिल्कुल भी अंदाज़ा नहीं था कि वह लड़का पाने या बेटा पाने के जुनून में इतनी गहरी थी। उसे नहीं पता था।

[जेम्स कवाल्या]

वह सिर्फ़ इतना जानता था कि मेरी माँ कई दिनों तक गायब रह सकती थी। उसे नहीं पता था कि वह कहाँ चली गई है। इसलिए जब वह घर लौटी, तो उसने कहा, मैं एक बच्ची थी।

अजगर बच्चे के चारों ओर कुंडली मारे बैठा है

उसने मुझे बिस्तर पर बच्चे के पालने में लिटाया, फिर कपड़े पहने, साफ-सफाई की और फिर आकर बच्चे को स्तनपान कराया। और जब वह वापस लौटी, तो उसने देखा कि एक अजगर बच्चे के चारों ओर लिपटा हुआ था। क्या आप अजगर को जानते हैं?

हाँ। और वह कहती है कि वह अजगर के कारण पास नहीं आ सकी। इसलिए वह भाग गई।

गांव के लोग इधर-उधर आ गए। मेरे पिता भी इधर-उधर आ गए। वे साँप को देख सकते थे, और कोई भी अंदर नहीं आ सकता था।

[**जेम्स अलादिरन**]

क्या वे साँप को नहीं मार सकते थे?

[जेम्स कवाल्या]

मुझे नहीं पता क्यों। तो वह कहती है कि 30 दिन, तीन महीने तक वह मेरे पास नहीं आ सकी।

[जेम्स अलादिरन]

तो क्या अजगर हर दिन, पूरे दिन, 24-7 आपके इर्द-गिर्द लिपटा रहता था? 24-7। तो वह कहती है कि उसने मुझे स्तनपान नहीं कराया।

वह मेरे पास नहीं आई.

[जेम्स कवाल्या]

पूरा गांव आकर बस झाँक सकता था, और फिर चारों ओर अफ़वाहें फैल गईं कि इस महिला ने एक बच्चे और एक साँप को जन्म दिया है। अब, जब मैं बड़ा हो रहा था, तब मेरे पास ऐसी अफ़वाहें थीं। यह शहर, समुदाय में चर्चा का विषय था।

आप जानते हैं कि वह बच्चा जुड़वाँ है, वे कह सकते हैं। वह जुड़वाँ है जो साँप से पैदा हुआ था। लेकिन मेरी माँ कहती है, नहीं, उसने साँप को जन्म नहीं दिया।

जब वह घर वापस आई तो साँप आ गया। अब मुझे समझ नहीं आता कि यह कैसे हुआ। तो तीन महीने बाद मेरे पिता चले गए।

अब, वह छह लड़कियों को लेकर घर से चला गया। वह अकेली रह गई। और इस वजह से मेरी माँ मानसिक रूप से टूट गई।

इसलिए वह समुदाय में पागल औरत की तरह नहीं थी। इसलिए वह एक बच्चे, एक शैतान बच्चे, एक भाई के साथ अकेली रह गई जो उसके साथ रह रहा था। अब, पति, मेरे पिता और बच्चे चले गए।

इसलिए वह अकेली रह गई। इसलिए जब मैं तीन साल का हुआ, तो मेरे चाचा और माँ ही एकमात्र ऐसे व्यक्ति थे जिन्हें मैं जानता था, जिनका मुझसे कोई लगाव नहीं था। क्यों?

मानसिक रूप से विक्षिप्त बच्चे की मां

वह मानसिक रूप से परेशान है। वह हमेशा अपना सारा समय बेडरूम में अकेले बिताती है। कोई रास्ता नहीं है।

तो बचपन में मुझे उनसे कोई लगाव नहीं था। मैंने अपनी बहनों को नहीं देखा था। मैं अपने पिता से नहीं मिला था।

अब मैं जिस एकमात्र व्यक्ति को जानता हूँ, वह मेरे चाचा हैं, जो मेरी माँ के छोटे भाई हैं, और उन्हें भी, मुझे नहीं पता कि क्या हुआ। उन्हें भी शराब की लत थी। इसलिए वे शराब पी सकते थे और क्या-क्या।

अब, तो वह मुझे बताता है, मुझे याद है, जब मैं तीन साल का था, जब वह शराब पीता था, तो वह मुझे दे सकता था, क्योंकि उसके पास सिर्फ़ यही चीज़ थी। मेरी माँ ने मुझे स्तनपान नहीं कराया। पति उसे छोड़कर चला गया था, उसे छोड़ दिया था।

और वह मुझे बताती है कि जिस दिन मेरे पिता और मेरी बहनों को छोड़कर चले गए, उसी दिन साँप भी चला गया। इसलिए जब वह चला गया, तो वह भी चला गया। इसलिए वह इस बच्चे के साथ रही, लेकिन अब वह बहुत दुखी थी।

वह बहुत दुखी थी। और फिर पति के उसे छोड़कर चले जाने की वजह से वह मानसिक रूप से टूट गई। वह अकेली है।

और इसलिए बचपन में मैं सिर्फ़ अपने चाचा के साथ उस घर में रहता हूँ। पूरा समुदाय, रिश्तेदार, समुदाय के लोग, कोई भी हमारे घर नहीं आता क्योंकि समुदाय की बातें, गाँव की बातें उस घर में होती हैं।

[जेम्स अलादिरन]

वहाँ एक साँप है। वहाँ एक साँप है। और वहाँ एक लड़का पैदा हुआ है।

तो आपका अपनी मां के अलावा किसी और से कोई संबंध नहीं था, जो मानसिक रूप से अस्थिर थी और आपके चाचा एक शराबी थे जो शराब की लत से जूझ रहे थे।

[जेम्स कवाल्या]

लत.

[जेम्स अलादिरन]

और अब आप तीन हो गए हैं।

[जेम्स कवाल्या]
हाँ।

[जेम्स अलादिरन]
आपकी सबसे पुरानी यादें तीन और चार साल की उम्र के आसपास की हैं।

[जेम्स कवाल्या]
तीन और चार. यही मेरी याददाश्त में है.

[जेम्स अलादिरन]
और फिर कुछ सचमुच दुखद घटना घटी।

बच्चे के चाचा की नृशंस हत्या

[जेम्स कवाल्या]

तो मैं जिस एकमात्र व्यक्ति को जानता हूँ वह मेरे चाचा हैं। और एक दिन, हम उनके साथ एक छोटे से कमरे में रह रहे हैं। मुझे याद है कि मैं दो और चार साल का था।

मुझे यह याद है। और फिर दरवाज़ा, किसी ने दरवाज़ा खटखटाया, उसे खोला। और मेरे चाचा दौड़ते हुए आए।

और फिर ये पाँच लोग, वे सैनिक थे। उस समय तक देश गृहयुद्ध में था। इसलिए वे घर में आ गए।

मुझे नहीं पता क्यों। वे मेरे चाचा का पीछा करने आए थे। फिर उन्होंने उन्हें गोली मार दी।

लेकिन मुझे आश्चर्य हुआ कि उन्होंने उसे नहीं मारा। उन्होंने उसे पाँच बार गोली मारी और उसे खून बहता हुआ देखा। मानो, मैं वहाँ मौजूद हूँ।

मैं वहाँ बैठा हूँ। मैं वहाँ बैठा हूँ। और वे गोली चलाते हैं, रुको।

और फिर डिलीवरी, मुझे याद है, वे उन हिस्सों में गोली चला रहे हैं जो उसे तुरंत नहीं मारेंगे। तो फिर मैंने देखा कि ये लोग कमरे में खड़े हैं। और वे उस पर नज़र रख रहे हैं।

और उसका खून बह रहा है और खून बह रहा है। और उन्होंने तुम्हें वहाँ देखा। हाँ।

उन्होंने सुनिश्चित किया कि मैं वहाँ हूँ। इसलिए वे मुझे उसके पास ले आए। जब मैं उसके पास पहुँचता हूँ तो वे उसे गोली मार देते हैं।

और वे उसे खून बहता हुआ देखते हैं और खून बहता हुआ और खून बहता हुआ। और मैंने उसे मरते हुए देखा। तो, जैसे, वह वहाँ दो घंटे तक खून बहता रहा।

वे देख रहे हैं। और जब वह रुका, तो कराहने लगा, कराहने लगा और रोने लगा। और फिर वह धीरे-धीरे मर गया।

और इस तरह मैं बेहोश हो गया। इसलिए जब मैं बेहोश हो गया, तो अगली सुबह जब मैं उठा, तो समुदाय के लोग यह देखने के लिए आए थे कि क्या हुआ था। मुझे एहसास हुआ कि मैं एक अलग व्यक्ति बन गया था।

मुझे एहसास हुआ कि उस समय तक कुछ खत्म हो चुका था। इंसान, जैसे कि मैं इंसान नहीं था। उस समय से लेकर 24 साल की उम्र में दोबारा जन्म लेने तक, मेरा सबसे बड़ा आनंद दुख पहुंचाना था।

मैं एक परपीड़क था। मुझे परेशानियाँ पैदा करना, हत्याएँ करना अच्छा लगता था। मुझे लोगों को तकलीफ़ में देखना अच्छा लगता था।

और इससे मुझे खुशी मिलती थी। लेकिन मैं समझ सकता हूँ कि यह उस दिन हुआ था। जैसे, अब मुझे ईसाई बनने के बाद समझ में आया है, जब मैं अपनी चिकित्सा से गुज़र रहा था।

क्योंकि मैं बच तो गया, लेकिन उपचार में समय लगा। इसे शुरू होने में लगभग 10 साल लगे। मेरे उपचार, खासकर मुक्ति और उपचार में 10 साल लगे।

क्योंकि मेरे जीवन के कुछ हिस्से खंडित हो गये थे।

[जेम्स अलादिरन]

तो यह आपकी आत्मा का एक हिस्सा है।

[जेम्स कवाल्या]

अब, मुझे बाद में समझ आया कि उस पल मेरी आत्मा का एक हिस्सा फँस गया था। और बाद में मुझे एहसास हुआ कि मेरी शादी हो जाने के बाद। क्योंकि जब मेरी शादी हुई, तो मैं अपनी पत्नी के साथ पति-पत्नी के तौर पर रिश्ता नहीं बना पाया।

इसलिए मैं प्रार्थना करने गया। और फिर प्रभु मुझे उस पल में ले गए जब मैं तीन साल का था और मुझे दिखाया कि जब मैं बेहोश हो गया था तो क्या हुआ था। क्योंकि ईश्वर सर्वज्ञ है।

यीशु सर्वज्ञ हैं। इसलिए मुझे बचाने के लिए उन्हें मुझे यह दिखाना पड़ा कि जब मैं बेहोश हो गया तो क्या हुआ। मेरी आत्मा का क्या हुआ?

मैं कहाँ फँस गया था? तो जब मेरी शादी हुई, तो मेरी उम्र 36 साल थी, बहुत देर से। मेरे हिसाब से, मैं 36 साल का आदमी था, लेकिन मेरी आत्मा तीन साल की थी।

इसलिए मैं तीन साल तक फंसा रहा। लेकिन अब मैं एक शरीर वाला आदमी था, अब मेरा दोबारा जन्म भी हो चुका था, शादी भी हो चुकी थी, लेकिन मैं अपनी पत्नी के साथ पति के तौर पर रिश्ता नहीं बना पाया क्योंकि मैं पति था। हाँ, उस सदमे की वजह से।

वह आघात। तो जब ऐसा हुआ, तो मेरे चाचा मर गए। और मैं एक अलग व्यक्ति बन गया।

वे लोग मेरी माँ के पास आए और बोले, "तुम्हें पता है तुम्हारे भाई के साथ क्या हुआ है? ऐसा इसलिए है क्योंकि हम इस लड़के को चाहते हैं। तुम्हें अब उसे आधिकारिक तौर पर हमें सौंपना होगा।"

तुम्हें उसे, उसे हमारे हवाले करना होगा। तो वह मुझसे कहती है, लेकिन अब मुझे यह याद आ गया। वह मुझे मिल गई, और वहाँ एक जगह है जहाँ हमारे देश में गुप्त विद्या का मुख्यालय है, यह एक गुफा की तरह है।

उन्होंने कहा कि यह एक पंथ की तरह है। मानो वे ईश्वर में विश्वास करते हैं, लेकिन ईश्वर में नहीं। वे बाइबल में विश्वास नहीं करते।

यह एक पंथ की तरह है जहाँ राजनेता और धार्मिक नेता भी जाते हैं। इसलिए वह मुझे इस जगह ले जाती है। यह जगह, जैसा कि मैंने कहा, एक पंथ है, यह एक धर्म की तरह है।

अब, जब उनके नेता मरते हैं, तो वे उन्हें दफनाते नहीं हैं। वे शवों को संजोकर रखते हैं और उन्हें एक गुफा में ढेर कर देते हैं, शवों को। इसलिए उसने मुझे ले लिया और मुझे उन लोगों को सौंप दिया।

अब, याद रखना मेरे चाचा मर चुके हैं। मुझे यह दर्द है। और अब मैं जिस एकमात्र व्यक्ति को जानता हूँ वह मेरी माँ है।

तीन दिन तक गुफा में लाशों के बीच रहा बच्चा

इसलिए वह मुझे उन लोगों को सौंप देती है जिन्हें मैं नहीं जानता। वे मुझे पकड़ लेते हैं। अब, याद रखें कि मैं सदमे में हूँ, अभी-अभी मैंने अपने चाचा को खोया है।

मुझे लाशों वाली एक गुफा में बंद कर दो। तीन दिन और तीन रात बिना खाना-पानी के बंद कर दो।

[जेम्स अलादिरन]

और इस समय आपकी उम्र कितनी है? दो और चार।

[जेम्स कवाल्या]

मेरे चाचा की मृत्यु को अभी कुछ ही सप्ताह हुए हैं। इसलिए अब मुझे वह दर्द और विश्वासघात याद है जो मैंने बचपन में महसूस किया था कि अब मेरी एकमात्र माँ, जिसे मैं समझता था कि वह मेरी रक्षा कर सकती है, ने मुझे इन लोगों के हवाले कर दिया है जिन्होंने मुझे अब लाशों वाली एक गुफा में बंद कर दिया है, तीन दिनों से मृत, भूखा, बिना भोजन के। अब, उस गुफा में जो हुआ वह वह है जो मैंने उन तीन दिनों में वहाँ अंदर देखा, जैसे आत्माएँ, लूसिफ़र, राक्षस, आकर मुझसे बात कर सकते थे।

मेरे शरीर में साँप घुस सकते थे। मेरे शरीर पर तरह-तरह की चीज़ें की जाती थीं। तो यह मेरे शरीर के हर हिस्से की तरह गहरे रहस्यवाद और जादू-टोने में दीक्षित होने जैसा था।

अब, यह पहली बार है जब मैं उस साँप के बारे में जान रहा हूँ जिसके बारे में अब मेरी माँ को मुझे बताना पड़ा कि वह जन्म के समय आया था। मुझे याद है कि वह मेरे चारों ओर आया, गुफा में मेरे चारों ओर कुंडली मारकर बैठा और मेरे शरीर में प्रवेश कर गया। रुकिए, शारीरिक रूप से या आध्यात्मिक रूप से?

शारीरिक रूप से। जब तक मैं दोबारा जन्म नहीं ले लेता, तब तक यह मेरे शरीर में ही रहता था। मैं जानता था कि यह गति कर रहा है।

आप महसूस कर सकते थे कि शरीर में कुछ हलचल हो रही है। ऐसा लगता है कि अब इस साँप में आत्मा ने कब्ज़ा कर लिया है और अब वह मुझे नियंत्रित कर सकता है। अब, उस समय से लेकर, उस दिन तक जब मैं फिर से पैदा हुआ, मेरा सारा जीवन दर्द में ही बीता।

मुझे याद नहीं कि ऐसा कोई दिन हो जब मैं दर्द में न रहा हो, जब तक कि मैंने 24 साल के लिए अपना जीवन यीशु को नहीं दे दिया। हर दिन, वह दर्द मेरे शरीर में था। यह सब इसलिए क्योंकि उस चीज़ को मेरा इस्तेमाल करने के लिए मुझे दर्द में रखना था।

क्योंकि शैतान आपको दर्द के ज़रिए नियंत्रित करता है। क्योंकि उसे आपको नियंत्रित करने के लिए आपको हेरफेर करना पड़ता है। इसलिए इसे मेरे शरीर में रहना पड़ा।

मैं ठीक से खा नहीं सकता था। मैं ठीक से जी नहीं सकता था। इसलिए दर्द से बचने का एकमात्र तरीका शराब पीना था।

मैंने शराब पीना शुरू कर दिया। मुझे शराब की लत लग गई। क्योंकि यही एकमात्र तरीका था जिससे मैं अब दर्द से छुटकारा पा सकता था।

[जेम्स अलादिरन]

दर्द को सुन्न कर दो। तुमने जो कहा वह बहुत शक्तिशाली बात है। शैतान तुम्हें दर्द के माध्यम से नियंत्रित करता है।

ऐसे बहुत से लोग हैं जो दुश्मन के जाल में इसलिए फंस गए हैं क्योंकि उनके अतीत में कड़वाहट और ऐसी कई तरह की चीजें हुई हैं जिनका समाधान क्रूस और यीशु को स्वीकार करने से नहीं हुआ है। वास्तव में, उन्होंने यीशु को स्वीकार तो कर लिया है, लेकिन उन्होंने उसे चंगाई लाने की अनुमति नहीं दी है और उन्होंने क्षमा नहीं की है। लेकिन यह दुश्मन पर नियंत्रण पाने का एक रास्ता है।

हाँ, क्योंकि यह दर्द को नियंत्रित करता है।

[जेम्स कवाल्या]

और साथ ही, आप अपना जीवन यीशु मसीह को दे सकते हैं, लेकिन आपको सबसे पहले मुक्ति की आवश्यकता है, और आपको अपनी आत्मा को पुनर्स्थापित करने के लिए उपचार की भी आवश्यकता है। क्योंकि अगर आपने खुद को दुश्मन को सौंप दिया है, तो सबसे पहले आप अपनी आत्मा को खंडित करते हैं और अपनी आत्मा के सभी अलग-अलग हिस्सों को अलग-अलग जेलों में रखते हैं। कड़वाहट, गुस्सा, क्षमा न करना, अपराधबोध, घृणा, आघात, ये सब।

अब उनमें से हर एक आपके जीवन पर एक छाप की तरह है और अब आपको एक झूठी पहचान और व्यक्तित्व दे दिया है, जो आप नहीं हैं। तो आपके पास उन राक्षसों की पहचान और व्यक्तित्व है जो अब उन गड्ढों में निवास कर रहे हैं जहाँ दर्द है। इसलिए मुझे दर्द है।

मैं अपनी माँ से और सभी से नफरत करता हूँ। मैं अपने पिता को नहीं जानता। इसलिए दुश्मन, जब भी मेरा इस्तेमाल करता है, तो वह मुझे याद दिलाता है कि इंसान बुरे होते हैं।

तुम्हें उन्हें मारना होगा। तुम्हें यह करना होगा। वे दुष्ट हैं।

वे बुरे हैं। वे आपसे नफरत करते हैं। याद रखें, कोई भावनात्मक लगाव नहीं है।

क्योंकि जैसे-जैसे बच्चा बड़ा होता है, उसे अपने माता-पिता से जो प्यार मिलता है, वही प्यार अब आपके अंदर बढ़ता है। क्योंकि ऐसा नहीं था। भावनात्मक रूप से, मैं भावनात्मक रूप से फँसा हुआ था।

मुझे समझ नहीं आया कि प्यार क्या है, डर क्या है। मैं कभी रोया नहीं। मैं कभी हँसा नहीं।

क्योंकि मुझे यह बात समझ में नहीं आई।

पूजित बालक

[**जेम्स अलादिरन**]

तो अब आप इस गहन अनुष्ठान से गुजरें। तीन दिन पूरे हो गए।

तुम बाहर आते हो और क्या होता है? लोग तुम्हारी पूजा कर रहे हैं।

[जेम्स कवाल्या]

जब मैं बाहर आया तो मुझे आश्चर्य हुआ, सैकड़ों लोग मेरा इंतज़ार कर रहे थे। इसलिए वे बाहर आए और पूजा करने लगे। वे भगवान की तरह बाहर आए।

वे झुक रहे हैं और पूजा कर रहे हैं। और तुम चार साल के हो। मैं चार साल का हूँ।

मैंने कहा, क्या हो रहा है? अब मेरी माँ की मुझ तक कोई पहुँच नहीं है, मुझ पर उनका कोई अधिकार नहीं है। क्योंकि अब मुझे पता चला है।

अब मुझे एक चुड़ैल के रूप में दीक्षा दी गई है और नियुक्त किया गया है। इसलिए उस समय से, मेरे अंदर एक हिस्सा है जो इंसान है। मैं एक बच्ची बनना चाहती हूँ।

लेकिन फिर लोग मुझे एक ताकत की तरह मानते हैं। आप खेलना चाहते हैं, लेकिन कोई भी आपके पास नहीं आता। सबसे पहले, कोई भी माता-पिता अपने बच्चे को आपके पास नहीं आने देंगे।

आप देखते हैं? दो, आप व्यस्त हैं। लोग हर दिन, दिन और रात, मदद के लिए, शक्तियाँ पाने के लिए, क्या-क्या पाने के लिए आ सकते हैं।

फिर उनमें से कुछ उतने ही बूढ़े हैं। एक बात जो बहुत दर्दनाक है, मुझे अभी भी याद है, और मैंने इसे पढ़ा, इसमें बहुत कुछ था। लोग मेरी माँ से भी ज़्यादा उम्र के हैं, और उन्हें मेरे सामने नग्न होने के लिए कपड़े उतारने पड़ते हैं, महिलाएँ।

और फिर आपको उन्हें शक्तियाँ देनी होंगी। अगर चार साल का बच्चा ऐसी चीज़ों के संपर्क में आता है, तो यह आपके जीवन को प्रभावित करता है। आज भी, इसने मेरे जीवन को प्रभावित किया जब तक कि यीशु ने मुझे ठीक नहीं कर दिया।

आप नग्न महिलाओं और नग्न पुरुषों को देख रहे हैं, आप चार साल के हैं, पाँच साल के हैं, यह आपके लोगों को देखने के तरीके, आपके

सोचने के तरीके को प्रभावित करता है। तो शैतान जो करता है वह है दुर्व्यवहार करना। आप देखिए, जब लोग बच्चों के साथ दुर्व्यवहार करते हैं, तो उन्हें लगता है कि यह सिर्फ़ वासना है।

शैतान की दीक्षा प्रक्रिया

कभी-कभी यह दीक्षा होती है। वे उन्हें दीक्षा दे रहे हैं। जब वे उन्हें पोर्नोग्राफी के संपर्क में लाते हैं, जब वे उन्हें इन सभी चीजों के संपर्क में लाते हैं, जैसे कि वे पुरुष जो बच्चों का शोषण करते हैं।

और अपने मंत्रालय में, मैंने पाया कि बहुत से लोग जो चंगे होने और मुक्ति पाने के लिए संघर्ष कर रहे हैं, ऐसा हुआ कि उनका संपर्क बचपन में हुआ, एक से छह साल के बीच। वे लोग जिनका यौन शोषण किया गया, वे लोग जो शिक्षकों, माता-पिता, भाई-बहनों और सभी द्वारा छेड़छाड़ किए गए। यह एक ऐसा द्वार है जिसका उपयोग दुश्मन आत्मा को फँसाने के लिए करता है।

तो मेरा मन फंस गया। ठीक है, मेरे चाचा की हत्या, आघात ने मुझे फंसा दिया। फिर मेरी माँ के विश्वासघात ने मुझे फंसा दिया।

लेकिन फिर वर्षों तक ऐसी चीजों के संपर्क में रहने के बाद, महिलाएं और पुरुष हर दिन आपके पास आते हैं, कपड़े उतारते हैं, आपके सामने नग्न बैठते हैं।

[जेम्स अलादिरन]

तो इस समय आप कहाँ रह रहे हैं? क्या आप किसी जंगल में रह रहे हैं? क्या आप अभी भी अपनी माँ के साथ हैं?

[जेम्स कवाल्या]

अब वह घर जहां मैं रह रहा हूं, मेरे पिता रहते थे, अब वह एक अस्पताल जैसा हो गया है।

[जेम्स अलादिरन]

ओह, तो अब तुम घर वापस जाओगी और बहुत सारे लोग तुम्हारे घर आएंगे। क्योंकि दूसरी औरत, उसकी शक्तियाँ अब हस्तांतरित हो गई हैं।

अध्याय 4 - नकली पादरी, बिशप बाल चुड़ैल से शक्ति और निर्देश चाहते हैं

[जेम्स कवाल्या]

इसलिए वे जानते हैं कि यह कहाँ है, वे मुझे बेबी कहते हैं, वे मुझे बेबी विच कहते हैं, बेबी विच कहाँ है। इसलिए वे किस और किस चीज़ के लिए शक्तियों के लिए आ सकते हैं। मैं यह कहूँगा, कभी-कभी मुझे कहने में डर लगता है, लेकिन मैं कहूँगा कि चर्च के कुछ लोग भी मेरे पास आ सकते हैं।

पादरी। पादरी और बिशप, उनमें से कुछ अपने तथाकथित मंत्रालयों में शक्तियों के लिए मेरे पास आ सकते थे। इसलिए जब मेरा पुनर्जन्म हुआ, तो प्रभु ने मुझे उनमें से अधिकांश के पास ले जाया जो अभी भी जीवित थे और कह सकते थे, तुम्हें याद है कि तुम क्या कर रहे थे और तुम्हें कबूल करने और पश्चाताप करने और दूर जाने की आवश्यकता है।

क्या उन्होंने मेरी बात सुनी? बहुत से लोग कह सकते थे, आप जानते हैं, मेरे पास नाम है, बड़ी मंडली है। मैं नहीं कर सकता, लोग मुझसे दूर भागेंगे।

मैं तुमसे कहता हूँ, मैं तुम्हें बेनकाब करने जा रहा हूँ। लेकिन प्रभु ने मुझसे कहा, उन्हें बेनकाब करने से कोई मदद नहीं मिलेगी। तुमने कहा था कि तुम ऐसा करने जा रहे हो, तुमने उनसे कहा था कि तुम उन्हें बेनकाब करने जा रहे हो।

मैं उनका पर्दाफाश करने जा रहा हूँ। लेकिन प्रभु ने मुझसे कहा कि उनका पर्दाफाश करने से कोई मदद नहीं मिलेगी। जो मदद मिलेगी वह है उनका पश्चाताप करना।

लेकिन आप जानते हैं, सालों तक मुझे डर लगता रहा। मुझे पता था कि यह कितना खतरनाक है, लेकिन 2016 में मैंने अपनी गवाही साझा की। आप जानते हैं, मैंने कभी अपनी गवाही साझा नहीं की।

आपके पास जो था, वह मेरे लिए पहली बार अपनी जीवन कहानी साझा करना था।

[जेम्स अलादिरन]

हाँ। तो बस कहानी को यहीं विराम देने के लिए। तो मुझे आपके द्वारा Afric om पर साझा की गई गवाही मिली ।

मुझे यह शायद 2017 के आसपास मिला। कोई व्यक्ति वहां था जिसने गवाही सुनी और फिर मुझे सीडी दी और मैं अब इसे नहीं देख सकता, मैंने इसे खो दिया है। लेकिन मुझे याद है कि मैं बहुत प्रभावित हुआ था, कहानी के इस हिस्से से नहीं, बल्कि कुछ हद तक मैं कहाँ जा रहा हूँ।

और यह मध्यस्थता प्रार्थना से जुड़ा था। मैं बहुत प्रभावित हुआ। और फिर जैसा कि भगवान चाहते हैं, मैं किसी ऐसे व्यक्ति को जानता था जो आपको जानता था।

और फिर उन्होंने हमें जोड़ा और, आप जानते हैं, आज हम यहाँ हैं। लेकिन यह सुनना अविश्वसनीय है कि कैसे, आप जानते थे, आप रहस्यवाद में इतने गहरे थे और कैसे आप उन लोगों की भी मदद कर रहे थे जो उद्धरण में भगवान की सेवा कर रहे थे, लेकिन चार या पाँच साल की उम्र में शैतानी शक्तियों का उपयोग करते हुए, आप उन्हें जो ज्ञान दे

रहे थे, क्या वह आपके माध्यम से बह रहा था और आपको पता भी नहीं था कि आपने इसे कहाँ से प्राप्त किया? मुझे नहीं पता कि यह कहाँ से आ रहा था।

तो आप सिर्फ निर्देश और दिशाएं दे रहे हैं।

[जेम्स कवाल्या]

क्योंकि उस समय, जब मैं उस जगह से बाहर निकला, तो वह गुफा, आत्मा की दुनिया और प्राकृतिक दुनिया 24 घंटे मेरे सामने थी। मैं उन्हें ऐसे देख सकता था जैसे मैं तुम्हें देख रहा हूँ। इसलिए मैं लोगों के अतीत को जान सकता था।

मैं जान सकता था कि वे कहाँ से आ रहे हैं। और मैं जान सकता था कि गुप्त रूप से क्या किया जाता है। मैं जान सकता था कि नेता कौन होगा, राष्ट्रपति कौन होगा, क्या किया जाएगा, किसे क्या करना है, और यह सब।

तो जैसे सब कुछ वहाँ था। मैं देख सकता था। वास्तव में, जब मेरा दोबारा जन्म हुआ, तो भगवान ने उसे काट दिया।

क्योंकि यह ईश्वर नहीं था। उसे इसे काटना पड़ा। और बहुत से लोग, जब वे दोबारा जन्म लेते हैं, जो रहस्यवादी रहे हैं, तो वे इसे छोड़ना नहीं चाहते।

इसलिए वे यीशु को स्वीकार करते हैं, लेकिन फिर भी। उन शक्तियों को थामे रहो। शक्तियों के अपने फायदे हैं और वे जो सोचते हैं वह फायदे हैं।

इसलिए प्रभु को मुझे उससे छुटकारा दिलाने के लिए कई वर्षों तक मेरी सहायता करनी पड़ी।

[जेम्स अलादिरन]

अब हम किसी बिंदु पर उद्धार पर बात करेंगे, क्योंकि यह एक बहुत बड़ी बात है। क्योंकि बहुत से ईसाई यह नहीं मानते कि उद्धार एक ऐसी चीज़ है जिसकी आपको एक ईसाई के रूप में ज़रूरत है। हम इस पर बाद में चर्चा करेंगे।

तो इस समय आप छह साल के हैं, सात साल के हैं, आठ साल के हैं। तो मैं छह साल का हूँ। मैं चार साल का हूँ।

7 साल की उम्र में बच्चे को प्रादेशिक चुड़ैल बना दिया गया

[जेम्स कवाल्या]

अब मैं ऐसा कर रही हूँ। जब मैं सात साल की होती हूँ, तो मुझे एक क्षेत्रीय चुड़ैल बना दिया जाता है। हमें समझाइए कि इसका क्या मतलब है।

गुप्तविद्या में, अंधकार के राजा, यह क्षेत्रों के बारे में है, जैसा कि चर्च को होना चाहिए था। अब, हर किसी के पास एक क्षेत्र है। और उस क्षेत्र में, आपके पास एक निश्चित क्षेत्र में शायद 5,000 या 7,000 चुड़ैलें हैं, जो आपकी शक्तियों और आपकी वेदियों के अधीन हैं।

तो आप एक क्षेत्र के प्रभारी हैं। तो मैं दक्षिणी युगांडा और उत्तरी तंजानिया का प्रभारी था। तो वह एक क्षेत्र था।

इसे कागेला-काटोंगा क्षेत्र कहा जाता है। कागेला एक नदी है। इसलिए वे राष्ट्रों को नदियों या पहाड़ों से विभाजित करते हैं।

तो इस नदी से, यह नदी तुम्हारा क्षेत्र है। तो मुझे उस क्षेत्र का प्रभारी बनाया गया जब मैं सात साल का था, सबसे छोटा, सात, जब मैं सात साल का था।

[जेम्स अलादिरन]

और क्या आपने कहा कि आप 5,000 चुड़ैलों के प्रभारी थे? 7,000 से ज़्यादा। 7,000 से ज़्यादा चुड़ैलें।

7,000 से अधिक.

[जेम्स कवाल्या]

और मुझे यह तब मिला जब मैं सात साल का था। इसलिए जब आपको क्षेत्र में नेता बनाया जाता है, तो आपका पहला काम उस व्यक्ति को नष्ट करना होता है जिसका आप नियंत्रण ले रहे हैं। वाह।

इसलिए ऐसा करने के लिए आपको उसके सभी पुजारियों और उसकी चुड़ैलों को नष्ट करना होगा और मारना होगा, सब कुछ नष्ट करना होगा, यहां तक कि उसे भी।

[जेम्स अलादिरन]

तो क्या यह आपकी पहली हत्या थी?

[जेम्स कवाल्या]

हाँ, पहला काम। क्योंकि अंधकार का राजा विनाश करने के लिए है। शैतान मारने, नष्ट करने और लूटने के लिए आया था।

इसलिए आप दूसरों को नष्ट करके अपना शासन चलाते हैं। इसलिए जो व्यक्ति शासन करता है, वह जानता है कि अगर कोई दूसरा आ रहा है, तो वह लड़ने और मारने के लिए आ रहा है। इसलिए यह विनाश है।

इसलिए मैं क्षेत्रों पर कब्ज़ा कर लेता हूँ, और वे यह कहते हैं। मुझे याद है कि वे कहते थे, यह लड़का दुष्ट है। अन्य, जैसे कि उनके जीवन का वह मानवीय पक्ष था, जैसे दया और प्रेम, हालाँकि वे जादू-टोने में थे।

लेकिन अब मैं, जिसके पास कोई भावना नहीं थी, आप जानते हैं, जैसे मैं बिना किसी भावना के बड़ा हुआ, बिना किसी परिवार के, कड़वाहट में बड़ा हुआ, क्रोध में, क्रोध में, सभी प्रकार की घृणा में बड़ा हुआ। इसलिए मैं कुछ भी महसूस नहीं कर सकता था, जैसे दया, दया और क्या।

[जेम्स अलादिरन]

तो जब आपने उन्हें मारा, तो जाहिर है आपने आध्यात्मिक तरीके से ऐसा किया। खैर, सपनों में, बीमारियों में, सभी तरह की चीजों में। और उन्हें पता था कि वे आपके साथ युद्ध में थे।

मेरे साथ.

[जेम्स कवाल्या]

क्योंकि अब उन्हें पता है कि एक और राजकुमार उभर रहा है, उसे बाकी लोगों को नष्ट करना है। इसलिए वे हमला करते हैं, आप हमला करते हैं। और फिर अगर आप उन्हें नष्ट करने में सक्षम हैं, तो उन्हें ऐसा करने दें, जब वे मर जाते हैं, तो आप क्षेत्र पर कब्जा कर लेते हैं।

इसलिए मैंने उस क्षेत्र को सिर्फ़ दो साल के लिए चुना। दो साल बाद, मैंने अपना काम पूरा कर लिया। और फिर मुझे ट्रेनर बना दिया गया।

[जेम्स अलादिरन]

अन्य चुड़ैलों की.

[जेम्स कवाल्या]

अभी का, या जो कोई भी प्रशिक्षित होना चाहता है।

[जेम्स अलादिरन]

किसी भी चीज़ में प्रशिक्षित। गुप्तविद्या में। गुप्तविद्या में।

युद्ध में सूक्ष्म प्रक्षेपण। तो इस समय तक, आप नौ साल के हो चुके हैं। मैं नौ साल का हूँ।

[जेम्स कवाल्या]

तो अब मैं एक प्रशिक्षक बनने की शुरुआत कर रहा हूँ। जैसा कि मैंने कहा, मेरी माँ, हालाँकि उन्हें मानसिक समस्या थी, वह सोचती रही कि वह इसे तोड़ सकती हैं और मैं एक सामान्य बच्चा बन सकता हूँ।

स्कूल में बच्ची चुड़ैल

[जेम्स अलादिरन]

वैसे, मैं भी उसी समय स्कूल जा रहा हूँ। तुम भी स्कूल जा रहे थे। हाँ।

खैर, तुम बाकी सभी बच्चों से कैसे संबंधित हो? क्योंकि तुमने पहले कहा था कि कोई भी तुम्हारे साथ खेलना नहीं चाहता था। हाँ, लेकिन मेरी माँ मुझे स्कूल ले जाती थी।

[जेम्स कवाल्या]

और मुझे याद है कि शुरुआती सालों में मेरे ज़्यादातर शिक्षक, मैं एक सत्र में तीन या चार बार स्कूल जाता था। लेकिन आश्चर्यजनक रूप से, मेरे पूरे स्कूल से लेकर यूनिवर्सिटी तक, मैं हमेशा सर्वश्रेष्ठ रहा। लेकिन मैं कक्षाओं में नहीं जाता था।

मैं कक्षाओं में उपस्थित नहीं हो सकता था, लेकिन मुझे पता था कि मैं कक्षाओं में उपस्थित हुए बिना भी अपनी परीक्षाएँ दे सकता हूँ और सर्वश्रेष्ठ बन सकता हूँ। और मैं यह नहीं बता सकता कि कैसे। इसलिए एक बच्चे के रूप में, मेरे अंदर पहले से ही एक हिस्सा है जो एक बच्चा बनने की लालसा रखता है।

जब मैं बड़ी हुई और दोबारा जन्म लिया, तब भी मैंने पाया कि मुझे बच्चों से बहुत लगाव है। ऐसा लगता है कि मेरे अंदर का बच्चा अभी भी बच्चा बनना चाहता है क्योंकि बचपन में मुझे इसकी कमी खलती थी। बचपन में मुझे इसकी कमी खलती थी।

मुझे वह प्यार नहीं मिला। तो ऐसा लगता है कि मेरा एक हिस्सा, मेरी ज़िंदगी का एक हिस्सा छूट गया। और यह सिर्फ़ मेरे साथ ही नहीं हुआ।

मैंने अपने मुक्ति के क्षणों में कई लोगों को पाया है कि उनके बच्चे को लूट लिया गया था।

[**जेम्स अलादिरन**]

उनका बचपन उनसे छीन लिया गया।

[जेम्स कवाल्या]

हाँ, और मैं जानता हूँ कि कुछ लोग अभी देख रहे हैं, यह उन मुद्दों में से एक हो सकता है जिससे आप निपट रहे हैं, कि आपका एक हिस्सा बचपन में फँस गया था। बलात्कार, दुर्व्यवहार, आघात, जादू-टोने, मृत्यु, दुर्घटनाओं और इन सब के कारण। जब आपका बच्चा आपसे दूर हो जाता है, आपसे छीन लिया जाता है, तो आपको वयस्क के रूप में काम करना मुश्किल हो सकता है।

कम से कम भगवान आघात के क्षण, दुर्व्यवहार के क्षण को वापस खोज सकते हैं, और आपको आगे ले जा सकते हैं और आपको उपचार की जगह पर ले जा सकते हैं। अब मेरे लिए, मेरा बचपन छिन गया था। हालाँकि जैसे-जैसे मैं बड़ा हो रहा था, मैं लोगों से जुड़ना चाहता था।

मैं बनना चाहता था - मेरे अंदर एक हिस्सा है जो इसके लिए तरसता था। मैं बच्चों को देखकर उनके जैसा बनना चाहता था। लेकिन फिर अगर मैं उनसे जुड़ता हूँ, तो मेरे अंदर की शक्तियाँ शायद उन्हें नष्ट कर सकती हैं।

[जेम्स अलादिरन]

रुको, क्या ये शक्तियां आपके नियंत्रण से बाहर थीं?

[जेम्स कवाल्या]

हाँ, वे मेरे नियंत्रण से बाहर हैं।

बाल चुड़ैल ने एक शिक्षक को अंधा बना दिया

[जेम्स अलादिरन]

सच में? आप वहां जाते हैं और चीजें अपने आप हो जाती हैं। और बस हो जाती हैं।

हमें उदाहरण दीजिए। क्योंकि अपनी किताब में आप कह रहे थे कि आपने किसी को देखा और वह गिर गया और उसकी मौत हो गई।

[जेम्स कवाल्या]

मैं स्कूल में किसी बच्चे को देखता हूँ और मुझे ऐसा लगता है कि यह बच्चा गिरकर बेहोश हो गया है। या मैं किसी शिक्षक को देखता हूँ। एक बार जब मैं किंडरगार्टन के बाद शुरुआती सालों में था, तो मैंने शिक्षक को देखा।

शायद उसने मुझ पर चिल्लाया और वह अंधी हो गई। क्या? क्या उसे पता था कि यह सब तुम ही थे जिसने उसके साथ किया?

हाँ। क्योंकि मुझे लगता है कि उसने यह जानने की कोशिश की और कहा, इसलिए वह मेरे पास आई और बोली, क्या आप मेरी दृष्टि वापस पाने में मेरी मदद कर सकते हैं? मैंने कहा, ठीक है।

तुम करोगे। फिर अगले दिन वह देख रही थी। उसने स्कूल में सभी को बताया, वे मुझे स्कूल से बाहर भेजने से डरते थे क्योंकि उन्हें नहीं पता था कि स्कूल का क्या होगा।

अब ये मेरे शुरुआती साल हैं। तो ये ताकतें मेरे अंदर थीं, मेरे नियंत्रण से बाहर थीं। मैंने उन्हें अपनी इच्छा से नहीं किया।

क्योंकि याद कीजिए जब हम तीन साल के थे, तब हम एक गुफा में फंसे हुए थे। तो ऐसा लगता है जैसे आपकी इच्छाशक्ति अवरुद्ध हो गई है। आप ले रहे हैं, किसी चीज़ ने आपके जीवन पर कब्ज़ा कर लिया है।

और मैं जानता हूँ कि आज भी ऐसे लोग हैं जो अपनी इच्छाशक्ति वापस नहीं पा सके हैं। अगर वे जादू-टोने, जादू-टोने, दुर्व्यवहार या इन सब में शामिल थे, तो वे शायद फँस गए होंगे। इसलिए उन्हें आंतरिक उपचार की ज़रूरत है।

उन्हें मुक्ति की आवश्यकता है। उन्हें अब किसी ऐसे व्यक्ति की आवश्यकता है जो उन्हें उपचार की यात्रा पर ले जाए। आप जानते हैं, लोग सुसमाचार सुन सकते हैं, लेकिन एक मंत्रालय होना चाहिए जो आत्मा के उपचार की सुविधा प्रदान करे, खासकर उन लोगों के लिए जो फँसे हुए थे, खासकर बचपन में।

अध्याय - 5 शैतान की भर्ती प्रणाली - बाल शोषण और यौन उत्पीड़न के माध्यम से समृद्धि

वे यौन शोषण, अनुष्ठान यौन शोषण कहते हैं। और क्योंकि जब मैं वहां था, तो इनमें से अधिकांश व्यवसायी, संगीतकार, मशहूर हस्तियां शक्तियों के लिए आ सकते थे। और शक्तियाँ प्राप्त करने का तरीका, कहते हैं कि जाओ और एक युवा बच्चे, एक कुंवारी, और एक रैपर को यौन रूप से पाओ, एक रैपर, शायद सात।

जैसे कि वे कोई शो करने जा रहे हैं। उस शो को सफल बनाने के लिए, किसी लड़के को ढूँढ़ो। वे क्या करने जा रहे हैं?

एक शो की तरह, एक संगीत शो की तरह.

[जेम्स अलादिरन]

संगीत शो, ठीक है। ठीक है, ठीक है।

[जेम्स कवाल्या]

एक संगीत समारोह। एक संगीत समारोह, हाँ। और वे शक्तियों के लिए आते हैं।

और उस शक्ति के लिए, आपको लड़कों को ढूंढना होगा, उनका बलात्कार करना होगा, उनका यौन शोषण करना होगा।

[**जेम्स अलादिरन**]

और बचपन में, उन शुरुआती सालों में, आपको कुछ मशहूर हस्तियों को ये निर्देश दिए गए थे। मशहूर हस्तियों, राजनेताओं, व्यापारियों और इन सभी को आध्यात्मिक शक्तियों के लिए। और इसलिए जब वे ऐसा करते हैं, तो वे उस बच्चे को भी दीक्षा दे रहे होते हैं।

ताकि जिन लोगों ने इन भयावह कृत्यों का अनुभव किया है और उन्हें यह भी पता नहीं है कि वे इन कृत्यों से गुजरे हैं। वे नहीं जानते।

[जेम्स कवाल्या]

उन्हें लगता है कि उनका कुछ हिस्सा लूट लिया गया है और उनसे छीन लिया गया है। और उनमें से कुछ, जैसे कि, उदाहरण के लिए, मैं आपको एक उदाहरण देता हूँ, एक संगीतकार, एक सेलिब्रिटी, जो हर बार कॉन्सर्ट में जाने से पहले अपने आस-पास युवा लोगों को इकट्ठा करता है और उनका इस्तेमाल करता है। तो उन लोगों को, उन्हें दीक्षा दी गई है।

और फिर वे स्कूल में अपने दोस्तों के पास जाते हैं और अपने दोस्तों और शायद रिश्तेदारों, जैसे अपने भाइयों, बहनों को भी दीक्षा देते हैं, और उन्हें अंधकार की शक्तियों के संपर्क में लाते हैं।

[जेम्स अलादिरन]

किसी व्यक्ति के जीवन में हम कौन से ऐसे फल देखते हैं जो हमें यह जानने में मदद करते हैं कि उसमें दीक्षा हुई है? अलगाव। विद्रोह।

लत। गुस्सा। क्या उनके जीवन में सामान्यतः जादू-टोने की कोई वास्तविक गतिविधि होती है?

उन्हें ज्ञात या अज्ञात? शायद सचेतन रूप से या अवचेतन रूप से?

[जेम्स कवाल्या]

ज्ञात या अज्ञात। क्योंकि उनमें से कुछ को वह मिलता है जिसे वे संरक्षक कहते हैं, एक आवाज़ उनके जीवन को संभाल लेती है, और उनका एक बहुआयामी व्यक्तित्व होता है।

[जेम्स **अलादिरन**]

अनेक व्यक्तित्व.

[जेम्स **कवाल्या**]

किसी दूसरे व्यक्ति की तरह। जैसे युवा लोग अचानक खुद को कोई और कहने लगते हैं, कहते हैं, मैं ऐसा-ऐसा हूं। और आप पा सकते हैं कि अब कोई दूसरा व्यक्ति इस व्यक्ति का प्रभारी है।

तो यह जो किया जा रहा है उसकी शुरुआत है। लेकिन मुझे कहानी पर वापस जाना चाहिए। चलो कहानी पर वापस चलते हैं।

[जेम्स अलादिरन]

तो वापस उस समय पर आते हैं, अब तुम नौ साल के हो, और तुमने जो भी बुरे काम किए थे, उसके बाद तुम्हें पदोन्नति मिल गई है। और नौ साल की उम्र के बाद क्या होता है? तुम्हारी माँ तुम्हारी मदद करने के लिए लोगों को ढूँढ़ने की कोशिश कर रही है।

अध्याय 6 - एक राज्य जो अपने आप में विभाजित है - मुक्ति की खोज

[जेम्स कवाल्या]

जिस तरह से वे मेरी मदद करते हैं, मैं उन्हें नष्ट कर देता हूँ। और मैं सोच रहा हूँ कि ऐसा क्यों। क्योंकि अगर मैं उनके जैसे ही राज्य में था, तो मैं उन्हें क्यों नष्ट कर रहा था?

और वह क्या था जो उन्हें नष्ट कर रहा था? क्या यह दुश्मन ही दुश्मन को नष्ट कर रहा था, या यह भगवान ही था जो दुश्मन को नष्ट कर रहा था? और आप यह सब सचेत रूप से नहीं कर रहे थे।

सचेत रूप से नहीं। इसलिए आज भी मैं यही पूछ रहा हूँ कि ऐसा क्यों हुआ? क्या मेरे जीवन में प्रभु शामिल थे या कुछ और था?

तो जब मैं 12 साल का था, तब यह कहानी कही गयी।

[जेम्स अलादिरन]

आपकी माँ आपको तंजानिया में कहीं एक चुड़ैल के पास ले जा रही थी जो वाचा तोड़ने जा रही थी, वह विवाह वाचा जिसके बारे में आपकी माँ का मानना था कि वही आपको नियंत्रित कर रही है क्योंकि आप एक सामान्य बच्चे बनना चाहते थे। तो आप उस चुड़ैल के पास तब जाते हैं जब उसने आपको आपके जन्म की कहानी सुनाई।

[जेम्स कवाल्या]

मैं जब वहाँ जा रहा था, तो उसने मुझे बताया कि मैं कैसे गर्भवती हुई, गर्भधारण के दौरान क्या हुआ। उसके लिए, शायद वह मुझे यह कहने के लिए राजी करना चाह रही थी कि, कृपया, हम मदद माँगें। और मैं देख सकता था कि वह भीख माँग रही थी।

उस यात्रा के दौरान बहुत सी चीज़ें हुईं। मैं समुद्र को हिला सकता था, फिर अलग-अलग चीज़ें। फिर वह विनती कर सकती थी, कृपया मत करो, कृपया मत करो।

इसलिए हम पेम्बा में इस जगह पर गए। जब हम वहाँ पहुँचे, तो मैंने एक बच्चे की तरह उस आदमी पर हमला करने की कोशिश की। और वह आदमी भीख माँगने लगा।

उसने मुझे अपने पास ले जाकर कहा, हाँ यार, मैं बूढ़ा हो गया हूँ। मैंने अपना काम पूरा कर लिया है। मुझ पर अपनी शक्ति बर्बाद मत करो।

इसलिए उसने विनती की, और मैंने उस पर हमला नहीं किया। और उसने मेरी माँ से कहा, उसने कहा, औरत, कोई जादू-टोना, कोई भविष्यवक्ता, कोई चुड़ैल इस लड़के की मदद नहीं कर सकती। अगर तुम्हें उसकी मदद की ज़रूरत है, तो उसे ले जाओ।

उस आदमी का नाम सुल्तान था। वह मुसलमान था। उसने कहा, उसे चर्च ले जाओ।

और वह एक चुड़ैल है। उसे चर्च ले जाओ। कोई उसकी मदद नहीं कर सकता।

मेरी माँ ने कहा, नहीं, तुम्हें पता है क्या? और उस आदमी ने मेरी माँ से कहा, यार, मैं तुम्हें दिखाता हूँ कि कोई भी उसकी मदद नहीं कर सकता। इसलिए उसने एक झोपड़ी बनाई।

तुम्हें झोपड़ी मालूम है? मिट्टी से बनी हुई और क्या-क्या? और मुझे झोपड़ी में डाल दिया और घास से ढक दिया और आग लगा दी।

मेरी माँ रो रही थी। मेरे बेटे ने कहा, नहीं, तुम रुको। तो जब आग बुझी, तो मैं झोपड़ी में नहीं था, उस छोटे से घर में।

मेरी माँ ने पूछा, "क्या हुआ?" फिर उसने माँ से कहा, "वह घर वापस आ गया है। तुम घर जाओ।"

वह घर लौट आया है। अब वह भेड़-बकरी का इस्तेमाल नहीं कर रहा है। कार का इस्तेमाल नहीं कर रहा है।

और मैं वापस घर चला गया।

[जेम्स अलादिरन]

अब यह तो कुछ ऐसा है जो आप पहले भी करते रहे हैं।

उस बिशप से संपर्क करें जिसने 60 वर्षीय चुड़ैल का विवाह करवाया था

[जेम्स कवाल्या]

अब जब मैं था, तो मुझे पता था कि यह कैसे करना है। मैंने पाँच, छह साल की उम्र में यह शुरू किया था। इसलिए मैंने प्रोजेक्ट किया, मैंने झोपड़ी छोड़ी, घर वापस यात्रा की।

क्योंकि छह साल की उम्र से ही मैं सूक्ष्म यात्रा कर सकता था, प्राकृतिक साधनों का उपयोग किए बिना विभिन्न स्थानों की यात्रा कर सकता था। तो वह आदमी मेरी माँ से कहता है, उसे चर्च ले जाओ। तो वह घर

आती है, मुझे घर वापस सामान्य पाती है और कहती है, तुमने ऐसा क्यों किया?

तो वह मुझे उस बिशप के पास ले जाती है जिसने विवाह करवाया था। ओह।

[जेम्स अलादिरन]

क्योंकि यही वह चर्च है जिसे वह जानती थी। रुको, यह वही बिशप है जिसने शादी करवाई, तुम्हारी शादी 60 साल के एक मज़दूर से करवाई। और फिर तुम्हारी माँ तुम्हें उसी बिशप के पास वापस ले जाती है।

बिशप ने लड़के को ईसाई सेमिनरी में दाखिला दिलाया

[जेम्स कवाल्या]

कहने का मतलब है, आप जानते हैं, वह उस बिशप को मेरे बारे में बताती है, कि मैं क्या कर रहा हूँ। और वह कहता है, हाँ, मैं उसके बारे में सुन रहा हूँ। लेकिन मुझे लगता है कि आप उसकी मदद कर सकते हैं।

अब, मुझे बाद में एहसास हुआ, उसने मुझे स्वीकार नहीं किया, क्योंकि अब यह ऐसा था, जैसे मुझे स्कूल में, सेमिनरी में डाल दिया जाए। सेमिनरी में शामिल हो जाओ और पादरी बन जाओ। लेकिन वह जो चाहता था, वह इन शक्तियों की जांच करना था।

इसलिए उन्होंने मुझे स्कूल में, एक सेमिनरी में डाल दिया। और वह इसमें दिलचस्पी रखते हैं। मुझे याद है कि वह पादरियों और बिशपों

को बुलाकर मेरे आस-पास बैठते थे और जांच करते थे और मुझसे सवाल पूछते थे, शक्तियों, ताकतों के बारे में मुझसे साक्षात्कार करते थे।

[जेम्स अलादिरन]

रुको, मैं समझने की कोशिश कर रहा हूँ। जब तुम कहते हो कि तुम्हें ले जाया गया , तो तुम 12 साल की उम्र में सेमिनरी में थे? 12.

और क्या, क्या आप बाइबल सीख रहे थे? क्या आप सीख रहे थे, तो किस तरह का?

[जेम्स कवाल्या]

मुझे एक सामान्य स्कूल की तरह होना चाहिए, क्योंकि सेमिनरी के अंत में, आप एक सामान्य माध्यमिक विद्यालय की तरह होते हैं।

[जेम्स अलादिरन]

ठीक है, एक सामान्य माध्यमिक विद्यालय, लेकिन इसे सेमिनरी कहा जाता है। लेकिन इसे कॉर्पस में चर्च द्वारा चलाया जाता है।

[जेम्स कवाल्या]

तो मैं वहां हूं, और मैंने सोचा कि अब मैं एक विद्यार्थी की तरह रहूंगा, बाइबल के बारे में सीखूंगा, ईश्वर के बारे में सीखूंगा, और एक पादरी बनूंगा।

[जेम्स अलादिरन]

लेकिन अब मुझे एहसास हुआ कि वे सिर्फ आपकी शक्तियों में रुचि रखते थे।

अध्याय 7 - इटली में अध्ययन के लिए छात्रवृत्ति

[जेम्स कवाल्या]

बस दिलचस्पी है, मुझे शिक्षित करने की भी नहीं, वे शक्तियों में रुचि रखते हैं। इसलिए ज्यादातर समय, मैं 12 साल की उम्र से ही वहां हूं। उस साल, मैं वहां हूं।

मैं एक पादरी के साथ एक ही घर में रह रहा हूँ। एक पादरी के साथ। और हर रात, वे किताबें लेकर आते हैं, कुछ लेकर, मुझसे आत्माओं की दुनिया के बारे में पूछने के लिए।

तो वे मुझसे ये-ये और वो-वो पूछते हैं। और मुझे इसमें मज़ा आता है। मुझे चर्च में रहना अच्छा लगता है।

मेरी पूरी ज़िंदगी, मैं हमेशा चर्च में जाने, दूसरों के पास आने का आनंद लेता हूँ। जैसे कि मेरे अंदर कोई कमी थी। इसलिए मैं उन सभी शक्तियों का पता लगा रहा हूँ।

वे ये लिख रहे हैं। वे लिख रहे हैं। शोधकर्ताओं की तरह, वे मेरे आस-पास बैठे हैं।

[जेम्स अलादिरन]

और ये सब कितने सालों से चल रहा है? सालों से। एक साल से।

तो उस पूरे समय में, आपने यीशु के बारे में, शास्त्रों के बारे में कुछ भी नहीं सीखा, और आप एक ईसाई वातावरण में थे, उद्धरण में। लेकिन मैं ईश्वर के बारे में नहीं सीख रहा हूँ। वास्तव में, मैं नहीं सीख रहा हूँ।

[जेम्स कवाल्या]

आप उन्हें पढ़ा रहे हैं। वे मुझसे पढ़ा रहे हैं। इसलिए साल के अंत में, इस बिशप और दूसरे पादरी ने मुझसे कहा, हमारे पास आपके लिए छात्रवृत्ति है।

हम तुम्हें प्रशिक्षण के लिए यूरोप भेजने जा रहे हैं। और इसलिए मैंने सोचा, ठीक है। लेकिन उन्होंने मुझसे कहा कि उन्हें मेरे पिता की सहमति की आवश्यकता है।

तो मेरे पिता, यह पहली बार था जब मैं अपने पिता को देख रहा था। वह मेरे कागजात पर हस्ताक्षर करने के लिए स्कूल आए, मेरे दस्तावेज़ों पर हस्ताक्षर किए, क्योंकि मुझे युगांडा से यूरोप नहीं भेजा जा रहा था।

[जेम्स अलादिरन]

और इसलिए, हम आगे बढ़ रहे हैं। तो अब आप 16 साल के हो गए हैं। नहीं, नहीं, नहीं।

मैं 13 साल का हूँ। तुम अभी भी 13 साल की हो। ओह, तुमने चार साल बाद कहा था।

नहीं, नहीं, दो साल। दो साल बाद। तो, ठीक है, ठीक है, ठीक है।

मैं 13 साल की हूँ और अब वे मुझे बता रहे हैं कि तुम्हें यूरोप जाकर पढ़ाई करने के लिए छात्रवृत्ति मिली है।

[जेम्स कवाल्या]

अब, इसकी संवेदनशीलता को देखते हुए, मैं इसका उल्लेख नहीं कर सकता।

[जेम्स अलादिरन]

कहाँ?

[जेम्स कवाल्या]

कहाँ? क्या आप हमें वह देश बता सकते हैं? मैं इटली में था।

इटली, ठीक है। तो मुझे इटली भेजा गया- 13 साल की उम्र में। 13 साल की उम्र में।

मैं अपनी माँ के बिना जा रहा हूँ। मैं पुजारियों के एक समूह के साथ अकेला जा रहा हूँ। मुझे याद है कि दो पुजारी इटली से आए थे।

उन्हें इटली से भेजा गया था ताकि वे आकर जांच करें, मेरा साक्षात्कार करें और सिफ़ारिश करें। तो उन्होंने मुझसे आत्मा की दुनिया, इसके बारे में, शक्ति के बारे में, सिस्टम के बारे में पूछा। और वे कहते हैं, तुम्हें यह सब कैसे पता चला?

आप कभी स्कूल नहीं गए? आप कभी धर्मशास्त्र या किसी विश्वविद्यालय में नहीं गए, लेकिन आप आत्मिक क्षेत्र, इतिहास, किस बारे में सब कुछ जानते हैं? कैसे?

तो उन्होंने कहा, ओह, हमें आपके साथ चलना होगा। तो उन्होंने मुझे उठा लिया।

[जेम्स अलादिरन]

अब मैं चलता हूँ - तो इटली से आये पुजारियों ने पहले जांच की और फिर वे आपको अपने साथ ले गये।

जादू-टोने से गुप्त विद्या में दीक्षा

[जेम्स कवाल्या]

मैं उनके साथ जाता हूँ। वे आते हैं। वे मुझे ले जाते हैं।

हम रवांडा से होकर जाते हैं। उन्होंने वहां एक और लड़की को चुना। मुझे नहीं पता क्यों।

जिसके पास भी अजीबोगरीब ताकतें थीं। तो हम रवांडा से उड़कर फ्रांस पहुँचे । हम वहाँ कुछ समय के लिए रुके।

और तब मुझे पता चला कि अब मैं अफ्रीकी जादू-टोने, रहस्यमय जादू-टोने से दूर हो चुका हूँ। अब मैं रहस्यमय जादू-टोने में दीक्षित हो रहा हूँ।

[जेम्स अलादिरन]

ठीक है। क्योंकि आपने शुरू में कहा था कि जादू-टोना और तंत्र-मंत्र में अंतर है। क्या आप हमें अंतर की एक बुनियादी परिभाषा दे सकते हैं?

गुह्यविद्या एक प्रणाली है।

[जेम्स कवाल्या]

दरअसल, यह शैतानवाद है, शैतान को मानने वालों का गठबंधन। ज़्यादातर जादू-टोना लोगों की परंपराओं और संस्कृतियों, उनके द्वारा

किए जाने वाले कामों और उनके द्वारा सीखी गई चीज़ों से जुड़ा होता है। लेकिन अब, यह वास्तव में शैतान की पूजा है।

जादू-टोने में आत्माओं और शक्तियों का इस्तेमाल होता है। लेकिन अब, यह एक व्यवस्था, एक धर्म की तरह है। इसलिए जब मैं वहां गया, तो मुझे एक धार्मिक घर में रखा गया, जहाँ जो कुछ हुआ, वह मेरे लिए सबसे बुरा अनुभव था।

क्योंकि अब मेरी इच्छा को तोड़ने के लिए, मेरी इच्छा को दूसरी बार तोड़ने के लिए, मुझे मौत और यौन शोषण का सामना करना पड़ेगा। इसलिए मुझे गुप्त विद्या में प्रशिक्षित किया गया है, लेकिन 13 से 18 साल की उम्र के पाँच सालों में, लगभग हर दिन मेरे साथ छेड़छाड़ और यौन शोषण होता है।

[जेम्स अलादिरन]

ठीक है, यह हिस्सा आपने 2017 की गवाही में साझा नहीं किया था जो मैंने सुनी थी। क्या? तो पुरुषों द्वारा, पुजारियों द्वारा।

तो उन्हें मेरे साथ ऐसा करना होगा।

[जेम्स कवाल्या]

मैंने अपनी किताब में यह लिखा है। यह सबसे ज़्यादा इसलिए है क्योंकि वे मेरे हर पहलू को बाहर निकालना चाहते हैं और फिर मेरा इस्तेमाल करना चाहते हैं। रुको, तुम हर दिन कह रहे हो?

लगभग हर दिन। पाँच साल तक लगभग हर दिन। तो दिन के दौरान, आप उन लोगों की तरह होते हैं जिन्हें हम वेदी लड़के कहते हैं।

आप गाउन पहनने जैसा हैं।

[जेम्स अलादिरन]

और यह एक धार्मिक ईसाई, उद्धरण, पर्यावरण में है।

[जेम्स कवाल्या]

तो दिन के दौरान, आप एक प्रशिक्षु की तरह होते हैं, जिसे पादरी बनने के लिए प्रशिक्षित किया जाता है। तो आपको गाउन पहनाया जाता है, आप मास में भाग लेते हैं, आप यह सब करते हैं। अब, जब आप घर वापस जाते हैं, जिसे हम भाई का घर कहते हैं, तो इन पुरुषों द्वारा आपके साथ एक लड़के के रूप में छेड़छाड़ की जाती है।

वे आपके साथ दुर्व्यवहार करते हैं। आपको पूरी तरह से तोड़ने के लिए वे हर तरह की कोशिश करते हैं।

[जेम्स अलादिरन]

तो मेरा सवाल यह है कि आपके पास जितनी भी शक्तियां थीं, क्या आप उनका इस्तेमाल उनके खिलाफ नहीं कर सकते थे? आप नहीं कर सकते थे। आप नहीं कर सकते थे?

ऐसा कैसे? क्योंकि शैतान शैतान को नष्ट नहीं कर सकता। लेकिन फिर आप अपनी शक्तियों का उपयोग करके उन सभी चुड़ैलों को नष्ट कर सकते हैं जो इनसे कमतर हैं।

ओह, क्या ये उच्च रैंकिंग में थे?

जादू-टोना और गुप्त तंत्र की रैंकिंग

[जेम्स कवाल्या]

ये उच्च रैंकिंग में हैं क्योंकि अब यह केवल जादू टोना के बारे में नहीं है और अब जो कुछ भी है, वह सिस्टम है , जादू टोना सिस्टम, जो दुनिया पर शासन करता है। और वे कहते हैं, जो दुनिया की सभी शक्तियों को नियंत्रित करता है। यह सिर्फ एक स्थानीय चुड़ैल नहीं है।

अब यह एक शैतानी व्यवस्था है जो विश्व को नियंत्रित करती है।

[जेम्स अलादिरन]

वाह। ठीक है। तो यह इतने सालों तक चलता रहा।

और जब आप 17 साल के हुए? 17, 18, 18 की ओर। 18 की ओर, 19 की ओर।

जब आपने काम ख़त्म किया तो उस समय क्या हुआ?

[जेम्स कवाल्या]

दरअसल, मेरी समाप्ति उन दुर्व्यवहारों के दौरान हुई और कई सालों तक मैं मानसिक रूप से टूटती रही। और वे मुझे छह महीने के लिए एक मनोरोग अस्पताल ले गए और फिर दवाइयाँ दीं।

[जेम्स अलादिरन]

यह इटली में था.

मनोरोग अस्पताल में छह महीने

[जेम्स कवाल्या]

हाँ, और हर दिन मनोरोगी दवाएँ जिससे मैं पूरी तरह पागल हो जाऊँ और कभी ठीक न हो पाऊँ। यह ऐसा है, ठीक है, जैसे अब वे आपके शरीर का उपयोग करने जा रहे हैं, लेकिन आप अपने होश में नहीं हैं। इसलिए छह महीने मैं इस अस्पताल में हूँ, एक मनोरोग अस्पताल की तरह, वे मेरी इच्छा के बिना जानकारी प्राप्त करने की कोशिश कर रहे हैं।

जैसे कि वे आपको बेहोश कर देते हैं और आपसे सवाल पूछना शुरू कर देते हैं। इसलिए वे जानकारी तक पहुँचने के लिए आपका इस्तेमाल कर रहे हैं, लेकिन आप अपने दर्द में नहीं हैं, बल्कि आप उस दर्द से गुज़र रहे हैं, क्योंकि जब वे आपको इस दवा में डालते हैं, जैसे कि मनोवैज्ञानिक दवाएँ, वे आपको बेहोश कर देते हैं, और फिर वे उस अवस्था में भी आपका यौन उत्पीड़न करते हैं, अस्पताल में आपका यौन उत्पीड़न करते हैं और आपके साथ दुर्व्यवहार करते हैं। और इसलिए हम जो कुछ भी करते हैं, वे आपकी आत्मा को कुचल रहे हैं ताकि आपकी आत्मा का उपयोग करके वह जानकारी प्राप्त कर सकें जो वे प्राप्त नहीं कर सकते।

तो यही मेरे साथ उन सभी सालों में हुआ, मानसिक रूप से टूटना। तो फिर उस अस्पताल में छह महीने बिताने के बाद, मानसिक अस्पताल में, उन्हें एहसास हुआ कि उन्होंने मेरी इच्छाशक्ति को पूरी तरह से नहीं तोड़ा है।

[जेम्स अलादिरन]

तो अब मैं थोड़ा उलझन में हूँ। वे ऐसा क्यों करने की कोशिश कर रहे हैं, क्योंकि आप उन्हें पहले से ही जानकारी दे रहे हैं, है न? तो क्या उनका मानना था कि आप कुछ ऐसी चीजें रोक रहे हैं जो वे चाहते थे?

मैं यह कहने का प्रयास कर रहा हूं कि कभी-कभी, जैसा कि मैंने अपनी पुस्तक में लिखा है, कभी-कभी उन्हें पता चलता है कि मेरा एक हिस्सा ऐसा है, जिस तक वे पहुंच नहीं सकते।

[जेम्स कवाल्या]

ऐसा लगता है जैसे भगवान इसमें शामिल थे और उन्होंने मेरे जीवन के एक हिस्से को सील कर दिया था, जिसे वे जानते थे कि कुछ ऐसा है जिसे मैं जानता हूँ, लेकिन वे उस तक पहुँच नहीं सकते थे। ऐसा करने के लिए, उन्हें मुझे परेशान करना पड़ा, मेरे साथ दुर्व्यवहार करना पड़ा, मुझे बेहोश करना पड़ा, ड्रग्स देना पड़ा, मुझे ड्रग्स देना पड़ा और मुझे तोड़ने के लिए अलग-अलग चीजें करनी पड़ीं क्योंकि एक हिस्सा ऐसा था जिसे वे नहीं कर सकते थे, वे कह सकते थे कि हमारे पास अलग-अलग लोग हैं जिनका इस्तेमाल किया गया है, लेकिन यह एक कहीं थोड़ा अवरुद्ध है। मैं यह कहने की कोशिश कर रहा हूँ कि भगवान ने अपनी शक्ति, अपनी योग्यता से मुझे तब भी सुरक्षित रखा जब मैं उन्हें नहीं जानता था।

मेरे अंदर एक हिस्सा है जिसे उन्होंने सीलबंद करके रखा, क्योंकि अगर वे उस तक पहुंच जाते तो शायद मेरे लिए बाहर आना मुश्किल हो जाता।

अध्याय 8 - 5 अफ्रीकी क्षेत्रों पर अधिकार - गार्डियन मास्टर ऑर्डिनेशन

[जेम्स अलादिरन]

तो हम कहाँ हैं? तो हम 17, 18 की ओर हैं। आप इस जगह पर अपने समय के अंत की ओर आ रहे हैं।

अरे हाँ, तुम अस्पताल में हो। वे इन सभी दवाओं और इन सभी भयानक चीजों के साथ तुम्हें और भी अधिक तोड़ने की कोशिश कर रहे हैं।

[जेम्स कवाल्या]

हाँ, तो मैं वहाँ हूँ। इसलिए उन्होंने मुझे तोड़ने की कोशिश की और वे ऐसा नहीं कर सके। इसलिए उन्होंने मुझे वापस घर लाने का फैसला किया।

[जेम्स अलादिरन]

युगांडा के लिए.

[जेम्स कवाल्या]

युगांडा में। अब मैं उसी स्थिति में हूँ। तो मैं घर लौट आया और मैं छह महीने तक एक सामान्य बच्चे, एक सामान्य युवा की तरह रहा।

और फिर दोनों पादरी युगांडा वापस आ जाते हैं। इटली से। फिर से इटली से।

जब वे मेरे पास आए, तो अब वे प्यार से आए। याद करो जब पहली बार यह आदमी मेरे पास आया, तो उसने कहा, मैं तुम्हारा पिता बनना चाहता हूँ। और इसी बात ने मुझे खोल दिया।

अब जब उसने कहा, मैं तुम्हारा पिता बनना चाहता हूँ, मैं तुम्हें एक पिता की तरह प्यार करता हूँ, मैं तुम्हारा पिता हूँ। जिस क्षण उसने कहा, मैं तुम्हारा पिता बनना चाहता हूँ, अब मुझे जो भी कहना था, उसे बताना ही था। जैसे मैंने अपनी सारी इंद्रियाँ खोल दीं और फिर चूँकि मैंने अपनी सारी इंद्रियाँ खोल दी थीं, इसलिए वह मुझे वापस ले गया।

और तब वह वहां मुझे संरक्षक गुरु के रूप में दीक्षा देते हैं, क्योंकि मैंने खुले तौर पर स्वीकार कर लिया है कि वे क्या चाहते हैं।

[जेम्स अलादिरन]

तो यह आपको वापस इटली ले जाता है।

[जेम्स कवाल्या]

अब इस बार जानबूझ कर। क्योंकि पहले भी मुझे धोखा दिया गया था। जब मैं छोटा था, तो मेरी माँ मुझे ले गई थी।

जब मुझे इटली ले जाया गया, तो मैं बिना कुछ जाने वहां गया। इसलिए वे मेरी इच्छाशक्ति को नहीं तोड़ सके। इसलिए वे मुझे वापस ले आए।

इस बार वह मेरे पास आया और बोला, मैं तुम्हारा पिता बनना चाहता हूँ। मुझे याद है कि मुझे पिता की कमी खलती थी। मैं तुमसे प्यार करना चाहता हूँ।

तो वह प्यार से आया। पहली बार मुझे लगा कि मुझे स्वीकार किया गया है, प्यार किया गया है, स्वीकार किया गया है। अब क्योंकि उसने कहा, मैं तुमसे प्यार करना चाहता हूं।

मैं तुम्हारे लिए ऐसा बनना चाहता हूँ। मैं ऐसा करना चाहता हूँ। तुम एक अच्छे इंसान हो।

इसलिए मैंने उसके सामने अपनी बात खुलकर रखी। अब वह मुझे एक पिता के रूप में स्वीकार कर रहा है। मेरे अंदर का बच्चा एक पिता के लिए तरस रहा है।

इसलिए जब वह मुझे वहाँ ले गया, तो उसने कहा, "तुम्हें पता है क्या? ठीक है, अब हम तुम्हें मजबूर नहीं कर रहे हैं। तुम एक संरक्षक मास्टर बनने जा रहे हो।"

[जेम्स अलादिरन]

तो अब आप जो पहले कर चुके हैं, उसकी तुलना में इसका क्या मतलब है? क्या यह स्पष्ट रूप से उच्च स्तर की तरह लगता है? यह एक उच्च स्तर है।

[जेम्स कवाल्या]

लेकिन अब आप नौकर नहीं हैं। अब आप उनके समकक्ष हैं। अब आप निर्णय लेने के लिए रोलिंग सर्कल में आ गए हैं।

तो फिर आप अपना संरक्षक मास्टर बनाने जा रहे हैं। आप अफ्रीका वापस लौटें क्योंकि पूरे महाद्वीप में हमेशा पाँच संरक्षक मास्टर होते हैं। आप संरक्षक मास्टर्स की इस परिषद का हिस्सा बनने जा रहे हैं।

और आप हमारा काम, हमारी व्यवस्था करने जा रहे हैं। आप जादू-टोना करने नहीं जा रहे हैं। आप नेक बनने जा रहे हैं।

आप विश्वविद्यालय जाएँगे। आपके पास पैसा होगा। आपके पास एक संगठन होगा।

आप देश के नेताओं के साथ काम करने जा रहे हैं। आप उनके साथ काम करने जा रहे हैं। तो आप अपने देश में सिस्टम के प्रतिनिधि की तरह होंगे।

[जेम्स अलादिरन]

लेकिन इस क्षेत्र में। क्योंकि पूरे अफ्रीका में केवल पाँच ही हैं।

परिसरों में शैतानी व्यवस्था में भर्ती

[जेम्स कवाल्या]

तो मैं ग्रेट लेक्स क्षेत्र का प्रभारी हूँ। मैं दक्षिणी अफ्रीका, पश्चिमी, उत्तरी, उप-सहारा, इन सभी क्षेत्रों का प्रभारी हूँ। तो जब उन्होंने मुझसे कहा, ठीक है, अब तुम गुलाम या नौकर नहीं बनोगे।

अब आप हम में से एक हैं। आप एक नेता हैं। आप एक महान व्यक्ति हैं और यह सब।

इसलिए उन्होंने मुझे उस व्यवस्था का संरक्षक नियुक्त किया। और उन्होंने मुझे युगांडा वापस भेज दिया ताकि मैं 5,000 युवाओं की पहचान कर उन्हें भर्ती कर सकूँ। अब, मुझे विश्वविद्यालयों में युवा लोगों को ढूँढना था।

इसलिए मुझे विश्वविद्यालय में जाकर एक छात्र बनना था और चिकित्सा, कानून, शिक्षा के क्षेत्र में प्रतिभाशाली छात्रों की पहचान करनी थी, और विश्वविद्यालय से ही उन्हें शैतानवाद में भर्ती करना था। इसलिए जब तक वे विश्वविद्यालय से स्नातक होते हैं, तब तक वे पहले से ही भर्ती हो चुके होते हैं। इसलिए वे पहले से ही बाज़ार में जाते हैं।

उदाहरण के लिए, यह एक डॉक्टर, एक सर्जन, एक वकील, एक शिक्षक है।

[जेम्स अलादिरन]

ओह, वे एजेंट हैं क्योंकि उन्होंने पहले ही भर्ती कर ली है और पहल कर दी है। लेकिन शुरू में, वे बहुत शिक्षित थे।

[जेम्स कवाल्या]

इसलिए आप नहीं जान सकते। आप यह नहीं कह सकते कि यह डॉक्टर जादूगर है या यह वकील जादू-टोने का एजेंट है और यह सब। इसलिए मेरा काम युगांडा वापस लौटना था, विश्वविद्यालय जाना था, वहां एक छात्र बनना था, ऐसे छात्रों की पहचान करना था, उन्हें प्रायोजित करना था, उन्हें उनकी ज़रूरत की सभी चीज़ें देना था, उन्हें बेहतरीन शिक्षा देना था, उन्हें दुनिया के अलग-अलग विश्वविद्यालयों में भेजना था, युगांडा वापस लौटना था और बाज़ार पर कब्ज़ा करना था।

तो यह मेरा काम था। फिर दूसरा काम था चर्चों, ईश्वर के लोगों की पहचान करना, जो अभी भी समझौता नहीं कर पाए हैं, उनकी शक्तियों को तोड़ना, उनकी शादियाँ तोड़ना, उनके व्यवसाय तोड़ना, उनके चर्चों को तोड़ना, उन्हें नष्ट करना क्योंकि वे एक खतरा थे।

[जेम्स अलादिरन]

यह विशिष्ट उद्देश्य था ईश्वर के लोग। जी हाँ, ईश्वर के लोग।

[जेम्स कवाल्या]

उन पर हमला करो, उनकी शादियाँ तोड़ो, उनके व्यापार तोड़ो, उन्हें तितर-बितर करो। ऐसे कुछ खास लोग हैं, जैसे यह, यह, खास तौर पर ऐसे पुरुष जो समझौता नहीं करते थे, लेकिन मैंने यह भी देखा है कि जो पुरुष प्रार्थना के लिए प्रतिबद्ध थे, प्रार्थना का प्रचार नहीं करते थे। लेकिन मेरे ज़्यादातर हमले प्रार्थना मंत्रालयों, चर्चों पर थे जो प्रार्थना कर रहे थे, जो लोगों को उपवास, पश्चाताप, पवित्रता के लिए बुला रहे थे।

तो मेरा काम इन युवा लोगों, युवा लड़कियों और युवा लड़कों को बड़ा करना था। जब आप उन्हें बड़ा कर रहे होते हैं, तो आप उन्हें चर्चों को तोड़ने, भगवान के लोगों को अपवित्र करने, चर्चों में जाने के लिए भी प्रशिक्षित कर रहे होते हैं। यौन अनैतिकता।

यौन अनैतिकता। हाँ। इसलिए आग बुझा दो क्योंकि जब तक तुमने प्रार्थना की आग बुझाई है, तब तक हम क्षेत्र पर नियंत्रण कर सकते हैं।

तो मैं यूनिवर्सिटी में था और मैं यही कर रहा था, युवा लोगों को कैसे पाऊं, मैं उन्हें पार्टियों, सामूहिक समारोहों, संगठित संगीत समारोहों में कैसे शामिल करूं। सामूहिक समारोह। सामूहिक समारोह, संगठित संगीत समारोह, क्या, उन्हें जो चाहिए वो खरीदो, उन्हें पार्टियाँ और सब कुछ दो, शराब पिलाओ, उन्हें ड्रग्स दो।

क्योंकि मेरे देश में ज़्यादातर लोग ग़रीब हैं। इसलिए जब कोई बच्चा ग़रीब परिवार से आता है, जब आप उसे कार लाकर देते हैं, तो मैं आपको एक कार खरीदकर देता हूँ, मैं आपको वहाँ रहने के लिए एक

अपार्टमेंट खरीदकर देता हूँ, आप उसका अपनी मर्ज़ी से इस्तेमाल कर सकते हैं।

[जेम्स अलादिरन]

आप यह सब इसलिए कर रहे थे क्योंकि मुझे लगता है कि आपको अपने पद से सारा पैसा मिल रहा था?

वार्षिक बजट – $600,000

[जेम्स कवाल्या]

हाँ, क्योंकि मुझे याद है उस समय मेरा बजट, मेरा वार्षिक बजट $500,000 और $600,000 के बीच था।

[जेम्स अलादिरन]

एक साल। एक साल। आप किस बारे में बात कर रहे हैं, 90 के दशक की?

[जेम्स कवाल्या]

हाँ, यह 90 के दशक के अंत की बात है। यह 96, 97, 98 है। तो यह वह पैसा है जो मुझे मिल रहा था क्योंकि मैं वह सारा पैसा पा सकता था, लेकिन यह भी पैसा ला सकता था।

सरकार में बैठे लोग, मनी लॉन्ड्रिंग करने वाले और सभी, इससे मुझे पैसे मिल सकते हैं क्योंकि यही एकमात्र तरीका है जिससे वे मेरे पास रह सकते हैं और अपना व्यापार कर सकते हैं अगर वे मुझे ड्रग, डीलर और

क्या-क्या सौंप देते हैं। वे ऐसा नहीं कर सकते क्योंकि उन्हें पुलिस द्वारा गिरफ्तार किया जा सकता है, लेकिन अब पुलिस मेरे सिस्टम का हिस्सा होगी, मेरे लोगों का हिस्सा होगी। इसलिए उन्हें यह सब करने के लिए पैसे लाने होंगे।

इसलिए मेरे पास पैसे, ताकत और अधिकार वाले लोगों तक पहुंच थी। इसलिए मेरे पास युवा लोगों को भ्रष्ट करने, धोखा देने, उन्हें निशाना बनाने के सभी साधन थे, खासकर उन होशियार लोगों को जो अच्छे और अलग हैं। तो एक बच्चा है जो अच्छा है, होशियार है, होशियार है, लेकिन उसके पास पैसे नहीं हैं।

वह एक गरीब परिवार से है।

[जेम्स अलादिरन]

इसलिए पैसा ही उसे लुभाने का तरीका है।

[**जेम्स कवाल्या]**

मैं तुम्हारी ट्यूशन फीस चुका दूंगा। मैं तुम्हारे पैसे चुका दूंगा। मैं तुम्हें यह दिलवा दूंगा।

और फिर वे बहुत उत्साहित हो जाते हैं। फिर बाद में, जब वे पैसे, कारों में फंस जाते हैं, और कहते हैं, ठीक है, वैसे, जो आपको मिल रहा है वह इसी से आता है। अब आपको दीक्षा लेने की जरूरत है।

और उनमें से कुछ लोग 'नहीं' नहीं कह सकते थे। और अगर उन्होंने 'नहीं' कहा तो? उनमें से कुछ मर जाते हैं या पागल हो जाते हैं क्योंकि उन्हें पहले ही दीक्षा दे दी गई थी, उनके बिना भी...

[जेम्स अलादिरन]

पैसा स्वीकार करके.

[जेम्स कवाल्या]

दृश्यों और सभी प्रकार की अनैतिकता को स्वीकार करके वे इसमें शामिल हो रहे हैं। लेकिन उनमें से कुछ अपने इर्द-गिर्द घोटाले भी पैदा कर सकते हैं। जैसे कि अगर आप एक व्याख्याता हैं और आपके इर्द-गिर्द कोई घोटाला है, तो ठीक है, वे आपको बंदूक के साथ फंसाते हैं और फिर वे आपका वीडियो बनाते हैं और वे घोटाले को अखबारों में छाप देते हैं।

आप अपनी नौकरी खो देते हैं। सबसे कम से कम, आप अपनी नौकरी खो रहे हैं। इसलिए हम एक समाधान लेकर आए हैं।

हम इसे रोक सकते हैं। हम आपकी नौकरी वापस पाने में आपकी मदद कर सकते हैं, मीडिया हाउस को आपकी कहानी प्रकाशित करने से रोक सकते हैं। तो अगर आप जो चाहें कर सकते हैं।

[जेम्स अलादिरन]

तो अब आप, मेरा अनुमान है, 20 की उम्र में यह काम कर रहे हैं। हाँ। और आप कैंपस में हैं।

हर कोई तुम्हारा नाम जानता है। हर कोई तुमसे डरता है। तुम खुलेआम शैतानवादी हो।

लोग आपसे डरते हैं.

[जेम्स कवाल्या]

अब मैं इसे छिपा नहीं रहा हूँ। अब मैं शैतानवाद और गुप्तविद्या को सार्वजनिक रूप से कर रहा हूँ।

[जेम्स अलादिरन]

परिसर में। कौन सा परिसर?

[जेम्स कवाल्या]

मैकहेनरी यूनिवर्सिटी। तो मैं इसे अलग-अलग कैंपस में कर रहा हूँ। मैं पार्टियाँ आयोजित कर रहा हूँ।

मैं इन सभी नाइट पार्टियों और अन्य आयोजनों का आयोजन कर रहा हूँ। और मैं यह सब सार्वजनिक रूप से कर रहा हूँ। क्योंकि मेरे पास पैसे थे, मेरे पास साधन थे कि मैं किसी संगीतकार और अंतरराष्ट्रीय हस्तियों को बुलाकर उनका संगीत कार्यक्रम आयोजित कर सकता था और फिर सब कुछ का भुगतान कर सकता था।

तो जैसे मैं सार्वजनिक रूप से थोड़ा सा कर रहा था।

[जेम्स अलादिरन]

तो यह कुछ समय तक चलता रहा। और फिर हम उस क्षण की ओर बढ़ते हैं जब चीजें बदलने लगीं। तो क्या आप, क्या ऐसी कोई और चीज है जिससे आप इस कमी को पूरा करना चाहते हैं?

अध्याय 9 - मंदी: एक बदलाव

[जेम्स कवाल्या]

इसलिए जब मैं ऐसा कर रहा था, तो मुझे इसमें मज़ा आ रहा था। और वास्तव में मैं अच्छी तरह से प्रगति कर रहा था। फिर वर्ष 1999 में, 1990 की शुरुआत में, यह अप्रैल के आसपास था, मुझे लगता है कि अप्रैल में, चीजें ठीक से काम नहीं कर रही थीं।

[जेम्स अलादिरन]

मुझे लगा कि हम अपनी जमीन खो रहे हैं। जब आप कहते हैं कि हम, तो आपका मतलब है कि ग्रैंडमास्टर्स, तांत्रिक, शैतानी दुनिया? आप उलझन देख सकते हैं।

[जेम्स कवाल्या]

अब, 1996 में, हमें कहा गया, मुझे और मेरे लोगों को कहा गया, कि हम युगांडा से चले जाएं और कुछ समय के लिए वहां रहें।

[जेम्स अलादिरन]

क्या यह वही है जिसके बारे में आपने हमें पहले 70 दिनों के बारे में बताया था? यह एक अलग बात है।

[जेम्स कवाल्या]

ठीक है।

[जेम्स अलादिरन]

पादरियों के एक समूह द्वारा प्रार्थना और उपवास

[जेम्स कवाल्या]

लोगों का एक समूह, ईश्वर के एक व्यक्ति, प्रेरित जॉन मालिंदी और उनकी टीम लंबे समय तक प्रार्थना करने के लिए चले गए थे, शायद एक साल से भी ज़्यादा समय तक प्रार्थना और उपवास करते रहे। और उन्होंने पूरे देश पर कब्ज़ा कर लिया था और हम वहाँ काम नहीं कर सकते थे। इसलिए मुझे कहा गया कि कृपया तब तक वहाँ से चले जाएँ जब तक कि हम उसे निरस्त्र करने और उसकी शक्तियों को कम करने की रणनीति नहीं बना लेते ताकि वह काम कर सके।

इसलिए उसने राष्ट्र में एक प्रार्थना की थी और उस प्रार्थना ने अंधकार के राज्य की सभी वेदियों को पूरी तरह से नष्ट कर दिया था।

[जेम्स अलादिरन]

यह 96 में हुआ था। वैसे, अगर आपको नाम याद नहीं आया, तो बता दें कि यह जॉन मालिंदी है। और हम उन्हें यहाँ भी जानते हैं, क्योंकि उन्होंने एक शक्तिशाली प्रार्थना मंत्रालय चलाया था या वे अभी भी एक शक्तिशाली प्रार्थना मंत्रालय चलाते हैं।

उसने वेदियों को पूरी तरह से मिटा दिया था। वेदियों को। पूरी तरह से।

[जेम्स कवाल्या]

क्योंकि मुझे याद है कि मुझसे कहा गया था, कृपया ऑपरेशन न करें, हर क्रियाकलाप को जब्त करें और दूर रहें। इसलिए जब हम 1997, 98 में वापस लौटे, तो चीजें आसान नहीं थीं, लेकिन अब हम उनके मंत्रालय हैं। हमने उनके मंत्रालय, उनके मंत्रालय में घुसपैठ की थी, और उनके चारों ओर की दीवार को तोड़ दिया था क्योंकि उनकी ताकत उनके चारों ओर की सुरक्षा के बारे में थी।

लोग, न कि वह एक व्यक्ति के रूप में। अब, क्योंकि लोग उसके चारों ओर प्रार्थना कर रहे थे, उसके लिए प्रार्थना कर रहे थे, उसके लिए प्रार्थना कर रहे थे, वह आत्मा में ऊपर उठ सकता था और एक अधिकारी की तरह बन सकता था। मुझे ऐसा लगता है।

यह बहुत शक्तिशाली है। वह एक शब्द बोल सकता था और आप उसे कई दिनों तक गूंजते हुए सुन सकते थे। इसलिए उस समय तक, हमें उसके सभी टेप प्राप्त करने पड़े, उन्हें सुनना पड़ा।

आपको उनके टेप सुनने होंगे। उन्हें सुनकर पहचानिए कि यह आदमी इतना शक्तिशाली क्यों है? इतना ताकतवर।

उनके द्वारा कहे गए हर शब्द से आपको ऐसा महसूस होता है कि मानो आपकी आत्मा में कंपन हो रहा है। तो जैसे आप सचमुच उनका टेप सुन रहे हों, लेकिन आप सोच रहे होंगे कि मुझे नहीं पता कि हम इसे पूरा सुन पाएंगे या नहीं। अब हम रहस्यवाद में हैं।

हम सुन रहे हैं। हम उसके जीवन का नक्शा बनाने की कोशिश कर रहे हैं। फिर हम उसके परिवार, उसकी पृष्ठभूमि, उसके परिवार का नक्शा बना रहे हैं।

फिर हम उसके आस-पास के लोगों को महसूस करते हैं कि हर बार जब वह उपदेश देना शुरू करता है, तो वह उपदेश देने वाला नहीं होता।

वे लोग उसके ज़रिए उपदेश देते हैं क्योंकि वह उनसे जुड़ा हुआ है। उन्होंने उसके लिए बहुत प्रार्थना की।

वे उसके इर्द-गिर्द इतनी प्रार्थना करते थे कि वह उनमें से जो कुछ भी है उसे चुन लेता है। और जब वह ऐसा करता है, तो उसे बढ़ा-चढ़ाकर बताता है। यह तर्क की शक्ति की तरह है।

तो उसके आस-पास की पूरी टीम की तरह, बहस में इतना कुछ होता है कि जब वह बोलना शुरू करता है, तो ऐसा लगता है जैसे सभी एक ही स्वर में बोल रहे हों। और इस वजह से, भले ही वह प्रार्थना करे या सिर्फ़ एक शब्द कहे, यह एक पूरी ताकत, एक ऊर्जा की तरह हो सकता है जो पूरे क्षेत्र में फैल जाती है। इसलिए वह क्षेत्र का प्रभारी था।

उन्होंने यह भी नहीं कहा कि मैं बांधता हूं, मैं तोड़ता हूं। नहीं, उन्हें यह कहने की जरूरत नहीं थी।

नहीं। दरअसल, उन्होंने ऐसा नहीं किया। वह बस इतना ही करते थे कि कभी-कभी पढ़ाते भी थे।

[जेम्स अलादिरन]

कभी-कभी वह सिर्फ़ बाइबल पढ़ाते हुए, लोगों को गाते हुए भी पढ़ाते थे। और आप जिस बारे में बात कर रहे हैं, वह यह नहीं है कि वह चिल्लाकर पढ़ा रहे थे। क्योंकि जॉन मुलैनी एक बहुत ही शांत शिक्षक हैं।

लेकिन शब्दों का आत्मा पर बहुत अधिक प्रभाव होता है। वह बाइबल को सत्य की तरह सिखा सकता था, और फिर लोग उसे अपना लेते थे।

[जेम्स कवाल्या]

और फिर आप देख सकते हैं कि लोगों से उनकी बातचीत की वजह से पूरा माहौल बदल गया है। जैसे मैं आपसे बातचीत कर रहा हूँ। और जैसे ही मैं बात करता हूँ, पूरा क्षेत्र उत्साहित हो जाता है।

और अब वह राष्ट्र पर एक अधिपत्य है। वह एक मनुष्य के रूप में, नेटवर्क के कारण, उसके चारों ओर की दीवार के कारण।

[जेम्स अलादिरन]

अब उस स्थान पर पहुंचने से पहले वे काफी समय से इसका निर्माण कर रहे थे।

[जेम्स कवाल्या]

इसलिए जिन लोगों को नियुक्त किया गया था, मैं उनमें से नहीं था। लोगों को जाने के लिए नियुक्त किया गया था, उन्हें उस पर हमला नहीं करना था, बल्कि उस दीवार को तोड़ना था। उस चीज़ की पहचान करना जो नाराज़गी का कारण बन सकती है।

[जेम्स अलादिरन]

उन चीज़ों को पहचानें जो लोगों को नाराज़ कर सकती हैं। उसके आस-पास। उसके आस-पास।

और फिर अपनी सुरक्षा, अपने आस-पास की प्रार्थना वापस ले लें। जैसे अभी। रुको, लोगों को नाराज़ करो या ऐसी परिस्थितियाँ पैदा करो जिससे लोग नाराज़ हो जाएँ ताकि वे दीवार में अपना, मेरा अनुमान है कि अपना हिस्सा फिर से बना लें।

दीवार में। और वहाँ एक दरार या दरार है। और फिर आप पहुँच सकते हैं।

प्रादेशिक मध्यस्थ

[जेम्स कवाल्या]

और इसलिए यह आदमी बीच में है। और अब दीवार टूट रही है। लोग जा रहे हैं।

लोगों को दूर ले जाया जा रहा है। और मैं यह उन लोगों से कहना चाहता हूँ जो इसे देख रहे हैं। कभी-कभी ईश्वर के आदमी, ईश्वर ने आपको जो दिया है, उसके पास अधिकार है, लेकिन उसका अधिकार आप पर निर्भर करता है जो उसके आस-पास हैं, जिनके पास सुंदरता है।

यह उसके चारों ओर की बाड़ के बारे में है। और अगर वह बाड़ टूट जाती है और उसके पहुँचने से पहले ही वह अपनी स्थिति खो देता है। क्योंकि आत्मा के क्षेत्र में, यह पदों के बारे में है।

हमारे पास भी मध्यस्थता के पद हैं। एक मध्यस्थ के रूप में, आप एक क्षेत्रीय मध्यस्थ होने के लिए आत्मा में एक पद प्राप्त करते हैं। लेकिन उस पद पर बने रहने के लिए, उस पद को बनाए रखने के लिए, आपके आस-पास ऐसे लोग होने चाहिए जिन्हें परमेश्वर ने द्वारपाल और पहरेदार होने के लिए बुलाया और नियुक्त किया है, ताकि वे आपके जीवन की निगरानी कर सकें, यह देख सकें कि दुश्मन आप तक न पहुँच सके।

और शक्तिशाली। क्योंकि आपके लिए, उदाहरण के लिए, आप नेतृत्व कर रहे हैं, भगवान ने आपको बुलावा और दृष्टि दी है। लेकिन ऐसे लोग हैं जिन्हें आपके चारों ओर दीवारें खड़ी करनी होंगी।

उन्हें तुम्हें घेर लेना चाहिए। और जब दुश्मन आए, तो इन दीवारों को तोड़ देना चाहिए। और यही भगवान के इस आदमी के साथ हुआ, कि दीवारें टूट गईं।

और जब दीवारें टूट गईं, तो क्या हुआ? तो उसका अधिकार खत्म हो गया।

[जेम्स अलादिरन]

हां, राष्ट्रों में प्रभाव कम होना चाहिए।

[जेम्स कवाल्या]

उसने कोई पाप नहीं किया है। वह पाप में नहीं गिरा है। दुश्मन ने उस पर व्यक्तिगत हमला भी नहीं किया है, लेकिन उसका प्रभाव कम रहा है।

[जेम्स अलादिरन]

तो क्या इसका नतीजा यह हुआ कि जो शब्द वे सिखा रहे थे, उनका उतना महत्व नहीं रहा? और ऐसा नहीं था कि उनका निजी प्रार्थना जीवन खत्म हो गया था, बस उनके आस-पास की दरार टूट गई थी। हे भगवान।

प्रभु दया करो।

प्रार्थना में 2 और 3 की शक्ति

[जेम्स कवाल्या]

क्योंकि, आप जानते हैं, जब यीशु ने कहा, अगर आप में से दो लोग धरती पर सहमत होते हैं, तो शक्ति होती है, आप एक ही शब्द बोलते हैं, लेकिन अब उनमें वही शक्ति नहीं होती। जैसे हम उन्हें शक्ति शब्द कहते हैं। जैसे आप यीशु कह सकते हैं, और ऐसा होता है।

एक और कहता है यीशु, और चमत्कार होते हैं। वही शब्द, लेकिन एक अलग जगह से। तो इसका मतलब था कि आपके आस-पास के लोग, वे उम्मीद करते हैं कि, जैसे वे आपके समर्पण के चारों ओर एक दीवार बन जाते हैं।

और वे जानते हैं कि हमारा काम किसी आदमी से प्रतिस्पर्धा करना नहीं है। हमारा काम उसकी रक्षा करना है।

और परमेश्वर ने हमें यह जिम्मेदारी सौंपी है। और मैं यह कहना चाहता हूँ, जेम्स, कि हममें से बहुत से लोग, आज परमेश्वर के लोग, अपनी नियति को पूरा नहीं कर पाए हैं, इसलिए नहीं कि उन्होंने पाप किया, बल्कि इसलिए कि परमेश्वर ने उनके आस-पास जो पुरुष और महिलाएँ नियुक्त की थीं, उन्होंने अपना स्थान छोड़ दिया। उन्होंने अपना पद छोड़ दिया।

हाँ। और कई लोग शायद यह मान लें कि वह आदमी यह काम नहीं कर रहा है, लेकिन जब वह काम कर रहा था, तो उसके चारों ओर एक दीवार थी। और वे पुरुष और महिलाएँ जिन्हें परमेश्वर ने उसके चारों ओर लाया था, इसके बजाय, वे एक ही मंच पाने के लिए प्रतिस्पर्धा करने लगे।

या फिर वे किसी एक संगठन में शामिल हो गए और अपना स्वयं का मंच बना लिया।

[जेम्स अलादिरन]

ठीक है। यह वाकई बहुत गहरा और बहुत शक्तिशाली है। मैं चाहता हूँ कि हम कहानी की ओर वापस जाएँ।

तो अब यह 97 है।

[जेम्स कवाल्या]

96, 95, हाँ.

अध्याय 10 – हिंद महासागर के एक द्वीप पर बुलावा

[जेम्स अलादिरन]

तो राष्ट्र पर उनकी आवाज़ का प्रभाव कम हो रहा है, और अब आप युगांडा में वापस काम करने में सक्षम हैं। और उसके बाद क्या होगा?

[जेम्स कवाल्या]

तो जब मैं युगांडा वापस लौटा, उसके बाद से मैं काम कर रहा हूँ। 1999 में मुझे एक कॉल आया। मुझे कैसरी द्वीप जाने के लिए बुलाया गया।

कैसरी द्वीप हिंद महासागर में है, वहां विक्टोरिया नाम का शहर है। मुझे बुलाया गया है। वहां एक सम्मेलन है।

[जेम्स अलादिरन]

तो मैं इस सम्मेलन में जाता हूँ, और सभी तरह की शक्ति, ये धन, ये रहस्यमय नेता। दुनिया भर से, आप कितने लोगों की बात कर रहे हैं? लगभग एक हज़ार।

एक हज़ार? और भी ज़्यादा। तो वे विक्टोरिया सिटी के इस बहुत बड़े होटल में हैं, बहुत महंगा होटल।

यशायाह 19 राजमार्ग पर असफलता – एक पादरी और 20 अशिक्षित महिलाएँ

[जेम्स कवाल्या]

वे वहां एक सम्मेलन के लिए आए हैं। और फिर उन्होंने मुझसे कहा, हम जो सम्मेलन चाहते हैं उसका एक कारण आपके देश के बारे में है। मैंने पूछा, क्यों?

और वे कहते हैं, आप जानते हैं, यह वर्ष 1999 है, और हमें सभी राजमार्गों का प्रभारी होना चाहिए, लेकिन एक राजमार्ग है, युगांडा से मिस्र तक सीरिया से होते हुए इज़राइल तक नील नदी का राजमार्ग। यह यशायाह की पुस्तक में राजमार्ग है। वह राजमार्ग, वह यशायाह 19 राजमार्ग, हम प्रभारी नहीं हैं।

हम इसे लेने में विफल रहे हैं। और हम इसे लेने में विफल रहे हैं इसका कारण यह है कि कुछ लोगों ने उस राजमार्ग को अवरुद्ध कर दिया है, और वे पूरे युगांडा पर कब्जा कर रहे हैं, न केवल युगांडा, बल्कि पूरे देश, पूरी दुनिया पर कब्जा कर रहे हैं। मैंने कहा, लोग?

वे कहते हैं, हाँ। कौन से लोग? वे कहते हैं, आपके देश के लोग।

मैं कहता हूँ, यह असंभव है। देश में हर कोई, हर ईश्वर का आदमी, मैं उन्हें जानता हूँ। चर्च, मैं उन्हें जानता हूँ।

मैं जो कुछ भी जानता हूँ, वे नहीं हो सकते। उन्होंने कहा, हाँ। वहाँ एक लोग हैं, आप उन्हें नहीं देख सकते क्योंकि वे प्रकाश के दायरे में छिपे हुए हैं।

[जेम्स अलादिरन]

ओह, तो इसीलिए आप भी उस क्षेत्र में रहते हुए उनकी गतिविधियों को नहीं देख पाए, उन्हें समझ नहीं पाए। गतिविधियाँ।

[जेम्स कवाल्या]

लेकिन अब सत्ता में बैठे लोग इस समूह के प्रभाव को देख सकते हैं। इसलिए वे मुझे बताते हैं, वे कहते हैं, ये लोग हैं। मैं पूछता हूँ, कौन से लोग?

उन्होंने मुझे बताया कि, यहाँ महिलाओं का एक समूह है, 20 महिलाएँ। 20 महिलाएँ और एक पादरी। और एक पादरी।

एक युवक, एक पादरी और 20 अशिक्षित महिलाएं जिन्होंने इस क्षेत्र पर कब्जा कर लिया है।

[जेम्स अलादिरन]

अब, बस एक सेकंड रुकें। आप में से जो लोग सुन रहे हैं, जब मैंने 97 में उनकी गवाही सुनी, तो यह वह हिस्सा है, जिसमें जॉन मुलिंडी के बारे में हिस्सा भी शामिल है, यह वह हिस्सा है जिसने मुझे चौंका दिया। इसलिए आप ध्यान से सुनना चाहते हैं, खासकर आप में से जो ईसाई हैं, जो आत्मा में बढ़ना चाहते हैं, प्रार्थना में बढ़ना चाहते हैं, ध्यान से सुनें कि वह यहाँ क्या साझा करने वाले हैं।

यह बहुत शक्तिशाली है। तो वहाँ 20 महिलाएँ और एक पादरी थे। तो मैं सिसिली में इस सम्मेलन में हूँ।

[जेम्स कवाल्या]

और दुनिया के कौन-कौन लोग वहां मौजूद हैं। महत्वपूर्ण लोग, धनी लोग। और वे मुझे मेरे देश के एक समूह के बारे में बता रहे हैं, जिसे मैं नहीं जानता।

और मैं देख सकता हूँ, मैं इस सम्मेलन में देख सकता हूँ, हमने छोटी-छोटी बैठकें कीं, भ्रम, आतंक, भय। मैंने ऐसा पहले कभी नहीं देखा। आप जानते हैं, जब हम OCAD में होते हैं, तो आप इस तरह का आत्मविश्वास दिखाते हैं, आप प्रभारी होते हैं।

लेकिन इस बैठक में, वे ऐसे थे जैसे पुरुष और महिलाएँ नहीं जानते थे कि क्या करना है। इसलिए वे मुझे बता रहे थे कि एक समूह है, जिसमें 20 महिलाएँ और एक पुरुष हैं। लेकिन जब उन्होंने ऐसा कहा, तो सुनिए क्या हुआ।

शायद लोग इसे न समझें। फिर मुझे बिना मेरी इच्छा के परे कर दिया जाता है, अब मुझे युगांडा में जो कुछ हो रहा है, उसके बारे में रिपोर्ट करना शुरू करना पड़ता है, जिसके बारे में मुझे नहीं पता। इसलिए मैं ऐसे बात करना शुरू करता हूँ जैसे मुझ पर कब्ज़ा किया जा रहा हो।

और अब मैं कह रहा हूँ कि यह हो रहा है, यह हो रहा है, यह हो रहा है। और अचानक मैंने उस पादरी का नाम लिया।

[जेम्स अलादिरन]

तो आपने मुझे खो दिया है। तो मूल रूप से, एक आत्मा आपके माध्यम से बोल रही है। लोगों को युगांडा में चल रही गतिविधियों के बारे में बता रही है, जिसके बारे में आपको पता भी नहीं था।

तो आप एक तरह से आत्मा के मुखपत्र हैं।

[जेम्स कवाल्या]

एक आत्मा के लिए मुखपत्र। और फिर मैंने उस पादरी का नाम, उसका नाम बताया। और बिजली चली गई, वह इमारत।

जैसे सिस्टम बंद हो गया और मैं देख सकता था। तो, और अब वे मुझे एक गद्दार के रूप में देख रहे हैं। अब उन्हें लगता है कि शायद मैं विनाश करने आया हूँ।

मुझे इसकी जानकारी नहीं है। फिर मैं कह रहा हूँ, मेरे दिमाग में क्या आया? मेरे पास कोई शक्ति नहीं है।

ऐसा क्यों है कि जब मैंने उस नाम का उल्लेख किया, तो आपने उस पादरी का नाम लिया, और बिजली चली गई। और तब मुझे एहसास हुआ, ओह, इस आदमी ने सालों तक अपना नाम यीशु मसीह के नाम पर छुपाया था। तो आपने उसका नाम लिया।

ऐसा लगता है जैसे आप यीशु का नाम ले रहे हैं। वह, जैसा कि, आप जानते हैं, वह चीज़ जो मैं देखता था और सोचता रहता था, शायद हमारे पास जो शक्ति है, उससे कहीं ज़्यादा शक्ति हो सकती है। और मुझे उस मीटिंग पर संदेह होने लगा।

सबसे पहले, जब मैंने बताया कि बिजली चली गई है, तो मुझे संदेह हुआ। भ्रम की स्थिति थी। मैं राक्षसों और सभी को गायब होते देख सकता था।

फिर मैंने सोचा, क्या हो रहा है? तो मेरे दिमाग में, जैसे, हम्म, हम्म, हम्म। तो मैं 20 महिलाओं और एक आदमी के बारे में रिपोर्ट कर रहा हूँ।

तो अब मैं नाम नहीं बता रहा हूँ। मैं कह रहा हूँ एक आदमी, 20 औरतें। अब, उस समय मुझे जो बात परेशान कर रही थी, वो ये कि 20 अनपढ़

बूढ़ी औरतें दुनिया की इन सारी शक्तियों और व्यवस्थाओं के लिए ख़तरा कैसे हो सकती हैं?

[जेम्स अलादिरन]

जैसे, मैं सोच रहा था, अच्छा, अच्छा, अच्छा, ठीक है।

[जेम्स कवाल्या]

फिर कुछ ऐसा आता है। वे कहते हैं कि इन 20 महिलाओं और एक आदमी ने एक ऐसी प्रार्थना शुरू की है जिसके बारे में चर्च या ईसाईयों को कभी पता नहीं चला। इसे पीढ़ियों से छिपाया गया था, लेकिन इन लोगों ने इसे चुना और वे इसका अभ्यास कर रहे हैं।

[जेम्स अलादिरन]

तो इस सम्मेलन में आपको बस इतना ही बताया गया है। इस सम्मेलन में।

अध्याय 11 – वाचा प्रार्थना दल और मध्यस्थों को बंद करने का प्रयास

[जेम्स कवाल्या]

वे क्या कर रहे हैं? वे प्रार्थना कर रहे हैं, वे वही कर रहे हैं जिसे वे वाचा प्रार्थना कहते हैं। इसलिए वे, इन महिलाओं और उनके पादरी, ने 90 दिनों तक, हर दिन छह घंटे प्रार्थना करना शुरू करने पर सहमति जताई थी।

हर दिन दोपहर 3 बजे से रात 9 बजे तक। और यह उनका अनुबंध था कि अगर वे 90 दिन कर रहे हैं और शायद 80वें या 85वें या 89वें दिन, उनमें से कोई एक मिनट चूक जाता है। तो उन्हें फिर से शुरू करना होगा।

[जेम्स अलादिरन]

इसलिए उन्होंने सहमति जताई थी कि अगर उनमें से कोई बीमार है या मीटिंग में नहीं आ सकता है या देर से आता है, भले ही वे 80वें, 89वें दिन पर हों, वे रीसेट करेंगे और पहले दिन से शुरू करेंगे। इसलिए उनमें से हर कोई जानता था कि वे इस तरह से इसके लिए प्रतिबद्ध थे। 90 दिनों के लिए।

तो चलिए पीछे चलते हैं और इस पादरी के बारे में बात करते हैं। तो उसे किसी तरह यह रहस्योद्घाटन मिला। मैं नहीं बता सकता कि उसे यह रहस्योद्घाटन कैसे मिला।

लेकिन उसने इन महिलाओं को बुलाया और वे प्रार्थना करने लगीं। और वे तीन तरह की प्रार्थनाएँ कर रही थीं। अगर मुझे सही से याद है, तो मैंने कुछ समय पहले आपको जो कहते सुना था।

पश्चाताप की प्रार्थनाएँ। आराधना की प्रार्थनाएँ। युद्ध की प्रार्थनाएँ।

प्रतिदिन छह घंटे। पश्चाताप। उपासना।

युद्ध.

मध्यस्थता की रणनीति – पश्चाताप, आराधना और युद्ध

[जेम्स कवाल्या]

पश्चाताप. आराधना. युद्ध.

पश्चाताप. आराधना. युद्ध.

हर दिन छह घंटे बिना चूके। तो वे ऐसा कर रहे हैं। और जिस सम्मेलन में मैं था, मुझे बताया गया कि जब उन्होंने प्रार्थना करना शुरू किया, तो अब वे 40 दिनों से ज़्यादा समय तक प्रार्थना करते हैं।

जब उन्होंने प्रार्थना करना शुरू किया, तो आज जिस दिन हम उनके बारे में बात कर रहे हैं, उस समय तक 7,000 चर्च और पादरी जो पीछे हट गए थे, वे अब पूरी दुनिया में पुनर्जीवित हो चुके थे। पूरी दुनिया में। कोलंबिया में।

यूरोप में। जापान में। जो भी हो।

7,000 पुरुष और चर्च जिन्हें हमने, गुप्तचरों और उनकी शक्तियों ने नीचे गिरा दिया था। अब अचानक, वे जहाँ कहीं भी थे, वे वहाँ पहुँच सकते थे, आप देख सकते थे कि यह चर्च, यह छोटा समूह, एक पावरहाउस की तरह था। जैसे पुनर्जीवित करने के लिए शक्ति भेज रहा हो।

अब वे कहेंगे, उस समय तक 7,000 लोग थे। 7,000 लोग जो अब थे, जो पाप से पीछे हट गए थे और पश्चाताप कर रहे थे। इसलिए हर बार जब वे पश्चाताप करने और आराधना करने और युद्ध करने आते हैं, तो दुनिया के किसी दूसरे हिस्से से एक आदमी गहरी नींद से जाग उठता है।

[जेम्स अलादिरन]

और बात यह है कि चर्च को इसकी कोई जानकारी नहीं थी।

[जेम्स कवाल्या]

उन्हें भी नहीं पता था कि वे क्या कर रहे हैं। यह शहर भी नहीं है। यह शहर से लगभग 20 मील दूर है।

छोटा सा। बिना टाइल के। बस एक छोटी सी जगह।

लेकिन जब वे वहां होते हैं, तो दुनिया के अलग-अलग हिस्सों में पादरी, चर्च उनकी प्रार्थना से पुनर्जीवित हो रहे हैं। और यह एक ऐसी बात है जिसे हमें जानना चाहिए। यही बात मुझे प्रार्थना करने के लिए प्रेरित करती है।

आप कभी नहीं जानते। आप नहीं जानते कि जब आप प्रार्थना करना शुरू करते हैं तो आत्मा में क्या होता है।

[जेम्स अलादिरन]

और जब आप लगातार प्रार्थना करते हैं। आपको नहीं पता कि क्या परमेश्वर आपकी प्रार्थना का उपयोग कहीं और जागृति लाने के लिए कर रहा है। आपको कोई अंदाज़ा नहीं है।

खास तौर पर तब जब आप आत्मा में प्रार्थना कर रहे हों। शायद हम स्वर्ग में मिलें। और शायद कोई आपसे कहे, तुमने मुझे पुनर्जीवित कर दिया।

और बताओ, कब?

[जेम्स कवाल्या]

आपने यह पहली बार कब सुना? क्योंकि यह पादरी और जुड़वां महिलाएं नहीं जानती थीं। उन्हें नहीं पता था कि वे क्या कर रही हैं।

वे बस यही कर रहे हैं। और यही कर रहे हैं। लेकिन अब गेरू में, वे उन सभी लोगों को महसूस कर सकते थे जो पीछे हट गए थे, जो अब प्रार्थना कर रहे थे, अचानक वे जाग सकते थे।

और जब वे जांच करते हैं, तो शीर्षक क्या होता है?

[जेम्स अलादिरन]

उन्हें पुनर्जीवित करना। उन्हें इस स्थान पर वापस खोजा जा सकता है। इसलिए जब तक आप इस सम्मेलन में हैं, तब तक चर्च 40 दिन से अधिक हो चुका है।

और फिर उनके पास 21 हैं।

[जेम्स कवाल्या]

उनके पास 20 दिन हैं। जब मैं वापस आया तो उनके पास केवल 22 दिन बचे थे। मिलने के लिए 22 दिन।

इसे सुनो। तो मैंने जो सीखा, उन्होंने कहा, अगर वे 90 दिनों तक अपनी प्रार्थना जारी रखते हैं, तो वे प्रभारी बन जाएंगे। हम अगले 70 सालों तक कहीं भी काम नहीं करने वाले हैं।

दूसरे शब्दों में कहें तो, वे ऐसी बिजली पैदा कर रहे थे जिसे पुनर्जीवित करने में 70 साल लग सकते थे।

[जेम्स अलादिरन]

और यदि वे 90वें दिन तक पहुंच गए, तो क्या वे, यदि कहें तो, आत्मिक क्षेत्र पर कब्जा करने में सक्षम हो गए होंगे और 70 वर्षों तक शैतानी गतिविधियों को रोकने में सफल हो गए होंगे?

[जेम्स कवाल्या]

70 साल? नेताओं ने जो योजना बनाई थी और कहा था, उसके अनुसार, अगर वे इसी तरह जारी रख सकते हैं और अपनी वाचा को पूरा कर सकते हैं, तो वे आत्मिक क्षेत्र के द्वारों को सुरक्षित कर लेंगे और आत्मिक क्षेत्र में शैतानी संचालन को 70 साल तक रोक देंगे। और इसलिए वे मुझसे कह रहे थे कि हमें यह सुनिश्चित करने के लिए कुछ भी करना होगा कि वे इसे न रोकें।

[जेम्स अलादिरन]

तो यह वह जगह है जहाँ आपको भर्ती किया जाता है। अब, इस बिंदु तक, क्या उन्होंने सभी लोगों को इस चर्च को तोड़ने की कोशिश करने के लिए भेजा है? उन्होंने कोशिश की है।

दरअसल, वे मुझे बता रहे थे कि बहुत से लोग धर्मांतरित हो गये हैं।

[जेम्स कवाल्या]

सभी लोग मर चुके हैं।

[जेम्स अलादिरन]

बहुत से लोग धर्मांतरित हो चुके हैं, बाकी सभी मर चुके हैं।

[जेम्स कवाल्या]

इसलिए सभी भरोसेमंद लोगों को आजमाने के बाद, अब वे मेरे पास आते हैं और कहते हैं, हम जानते हैं कि आप ऐसा नहीं कर सकते क्योंकि आपके पास मानवीय भावनाएँ नहीं हैं। आप आप नहीं हो सकते। आप यह कर सकते हैं।

तो आपको कितने पैसे चाहिए? आपको क्या चाहिए? लेकिन आपको उन्हें रोकना होगा क्योंकि उनके पास सिर्फ़ 22 दिन बचे हैं और आपको उन्हें आखिरी दिन आने से पहले ही तोड़ना होगा।

तो उन्होंने मुझसे कहा, तुम युगांडा वापस जा रहे हो, इन लोगों पर हमला करने के लिए नहीं, क्योंकि अगर तुम उन पर हमला करोगे, तो तुम मर जाओगे। उनसे लड़ने के लिए नहीं। अगर तुम उनसे लड़ोगे, तो तुम मर जाओगे।

कोई ऐसा तरीका खोजो जिससे तुम उनकी वाचा में हस्तक्षेप कर सको। हमला मत करो। उनसे लड़ो मत।

ऐसा कोई तरीका खोजिए जिससे आप उनमें से कम से कम एक को वाचा से बाहर कर सकें।

[जेम्स अलादिरन]

और इसलिए आप वापस जाते हैं और आपको यह करने के लिए कुछ पैसे दिए जाते हैं। अनुसंधान के बारे में बात करें । मैं क्या प्रयास कर रहा हूँ, मुझे यह कहने दीजिए।

यह बहुत महत्वपूर्ण है क्योंकि हम एक बिंदु से चूक गये हैं।

दुष्टता के क्षेत्र और वाचा की शक्ति में अनुसंधान प्रयास

[जेम्स कवाल्या]

आत्मा का क्षेत्र कैसे काम करता है, खास तौर पर वाचा की शक्ति। बहुत से विश्वासी, हम साथ मिलकर काम करते हैं, हम चर्च में हैं, लेकिन हम वाचा में नहीं हैं। इससे कोई फर्क नहीं पड़ता कि आप कितने घंटे प्रार्थना करते हैं या आप कितने हैं।

जब तक आप वाचा में नहीं हैं, तब तक इसका कोई प्रभाव नहीं पड़ता। अगर सिर्फ़ दो लोग ही सहमत हैं, तो यह काफ़ी है। आप हज़ार हो सकते हैं, लेकिन वाचा नहीं।

और आज, चर्च में रहते हुए मैंने पाया है कि लोग वाचा के अनुसार जीने को नहीं समझते। वाचा की जीवनशैली। यहाँ तक कि परमेश्वर के साथ वाचा को भी नहीं समझते।

बहुत से ईसाई वाचा के अनुसार जीवन नहीं जी रहे हैं। यह ऐसा है जैसे, मैं एक ईसाई हूँ, मैं चर्च में अपनी पसंद के अनुसार जाता हूँ। कोई वैध वाचा नहीं है।

और आत्मिक क्षेत्र में यह वाचा के बारे में है। तो यह समूह, 20 महिलाएँ, शहर में कई पादरी हैं, राष्ट्र में कई हैं, लेकिन इन लोगों के पास एक वाचा थी और वे उस वाचा में मजबूत थे। और दुश्मन, शैतान और उसके एजेंट, वे वाचा पर हमला करते हैं।

" इसलिए जब आप प्रभु की सेवा करने, क्षेत्र पर कब्ज़ा करने के लिए प्रार्थना करने के लिए उठते हैं, तो पहला हमला आपके विवाह पर होगा। वाचा तोड़ो। क्योंकि दुश्मन जानता है कि एकमात्र चीज़ जो आपको शक्ति देती है वह है आपका वाचा जीवन। "

तो इससे आपकी शादी टूट जाती है, आप अपनी पत्नी के साथ वाचा से बाहर हो जाते हैं, आपकी शादी टूट जाती है, फिर आप शक्ति खो देते हैं। चर्च में भी, आप वाचा तोड़ते हैं, आप भगवान से सहमत नहीं होते।

[जेम्स अलादिरन]

अतः जो लोग विवाहित नहीं हैं, जो विवाह जैसे वाचा सम्बन्ध में नहीं हैं, उनके लिए वाचा सम्बन्धों के सन्दर्भ में हो सकती है, जैसे कि आप विश्वास में अपने भाइयों और बहनों के साथ किस प्रकार सम्बन्ध रखते हैं।

[जेम्स कवाल्या]

विश्वास में। हाँ। और आप जानते हैं, दुश्मन आएगा और वाचा को तोड़ देगा और फिर आप बिखर जाएँगे।

फिर आप जाकर दूसरा चर्च शुरू कर देते हैं या फिर कोई और मंत्रालय शुरू कर देते हैं।

[जेम्स अलादिरन]

यह पूरी बात वापस उसी समय की है, जब 95 या 96 में जॉन मुलिंडी के साथ ऐसा हुआ था और जो उनके इर्द-गिर्द था, वह वाचा थी, वह वाचा संबंध उनकी सेवकाई को सशक्त बना रहा था। इसलिए इससे कोई फर्क नहीं पड़ता कि आप एक अकेले रेंजर मध्यस्थ के रूप में कितने शक्तिशाली हैं, अगर आपके आस-पास वाचा संबंध नहीं हैं, तो यह वास्तव में आपकी प्रभावशीलता को प्रभावित करता है या आप प्रभावी नहीं हो पाएंगे।

[जेम्स कवाल्या]

मनुष्य एक आत्मा है और आत्माएं कभी भी अलग-थलग होकर नहीं चलतीं। यह आत्मा का सिद्धांत है। कोई भी आत्मा नहीं चलती, यहाँ तक कि परमेश्वर, पिता, पुत्र और पवित्र आत्मा भी नहीं।

यह एक सिद्धांत है। इसलिए आप अकेले मध्यस्थ बनकर नहीं चल सकते। आपको दूसरों से जुड़े रहना चाहिए।

यह एक वाचा है। इसीलिए परमेश्वर भी, जब वह हमारे साथ चल रहा था, तो वह अब्राहम के पास आया और कहा, यह तुम्हारे साथ मेरी वाचा है। अब्राहम के साथ 20 साल काम करने के बाद, वह सेवानिवृत्त हो गया और कहा, वैसे, तुम इसमें नहीं जा सकते, लेकिन प्रभु अब्राहम से कहता है, मेरे सामने चलो और निर्दोष बनो।

और यह वाचा तुम्हारे साथ मेरी वाचा है क्योंकि वाचा के कारण। तो ये, मैं पादरी और महिलाओं के बारे में बात करूँगा। तो उनके पास एक वाचा है।

और मुझे बताया गया कि जब तुम जाओगे तो तुम्हें कितने पैसे चाहिए? मैंने कहा, ठीक है। उन्होंने मुझे उतने पैसे दे दिए जितने की उन्हें जरूरत थी, आधा मिलियन डॉलर।

और फिर उन्होंने कहा, अगर आपको पैसे की ज़रूरत है तो आप सिर्फ़ 21 दिनों के ऑपरेशन में इस्तेमाल करने के लिए लगभग 300,000 डॉलर का इस्तेमाल कर सकते हैं। और उन्होंने कहा, लेकिन ऐसा मत करो, हमला मत करो। लड़ाई मत करो क्योंकि तुम मर जाओगे या तुम्हारा धर्म परिवर्तन हो जाएगा।

मैंने आक्रमण नहीं किया, मैंने युद्ध नहीं किया, लेकिन जो भी मैंने किया, उसका परिणाम यह हुआ कि मैं धर्मांतरित हो गया।

[जेम्स अलादिरन]

यही वह मीटिंग थी जिसकी वजह से आपका धर्म परिवर्तन हुआ। हालाँकि, आप सफल हुए। वह उस चर्च की प्रार्थना सभा को तोड़ने में सफल रहा और जिस तरह से उसने यह किया, वह आपके होश उड़ा देगा।

तो आपको यह सुनना चाहिए। खैर, आगे बढ़िए। हाँ।

[जेम्स कवाल्या]

तो जब मैं घर लौटा, तो उस मीटिंग में मुझे, हमें किताबें दी गईं, बड़ी किताबें जो उस समूह के हर सदस्य के बारे में लिखी गई थीं। क्या?

उनकी पृष्ठभूमि, उनकी कमज़ोरियों, उनके इतिहास, उनके परिवारों के बारे में किताबें।

उन्हें पढ़ने के लिए, कम से कम यह पता लगाना ज़रूरी है कि उनकी पृष्ठभूमि में क्या पैटर्न है, जिसका इस्तेमाल हम कम से कम एक के खिलाफ़ तो कर सकते हैं। तो जैसे उन्होंने अपने परिवारों, अपनी नींव की जांच की थी। आपको पूरे समूह में प्रत्येक व्यक्ति के लिए शोध की किताबें दी गईं।

उस युवा पादरी के बारे में मुझे जो किताब दी गई थी, उसमें 500 पृष्ठ थे। पीढ़ी, उससे 10 पीढ़ी पीछे। जानने के लिए, इसे पढ़ने के लिए और पता लगाने के लिए कि पैटर्न क्या हैं, क्या हैं...

पादरी के बारे में पारिवारिक आधार पर शोध करके 500 पृष्ठों का दस्तावेज तैयार किया गया

[जेम्स अलादिरन]

10 पीढ़ियों में। देखिए, कभी-कभी जब हम पढ़ाते हैं, तो हम कहते हैं, आप जानते हैं, बाइबल कहती है कि दुश्मन इधर-उधर भागता है। वह पीढ़ी दर पीढ़ी भी भागता रहता है, कोई भी कानूनी आधार ढूँढ़ता है।

500 पृष्ठ। तो मुझे पूर्वजों और उनके जीवन और इस सब में पैटर्न को पढ़ना और देखना था।

[जेम्स कवाल्या]

ताकि हम जान सकें, ठीक है, अगर ये पैटर्न हैं, तो क्या ऐसे कानूनी अधिकार हैं जिनका इस्तेमाल हम उसके खिलाफ़ कर सकते हैं? क्या ऐसी चीज़ें हैं जिनका इस्तेमाल उसके या सदस्यों के बीच किया जा सकता है? तो उनमें से एक, एक महिला जो आत्मा में देख सकती थी, उसके पास एक मुद्दा था।

वाचा में क्षमा न करने का मुद्दा था। वह अपनी माँ के प्रति कटु थी। और मुझे याद है जब हमें कहना पड़ा, ठीक है, यह एक द्वार होगा।

चलो यह कोशिश करते हैं। चलो हमला नहीं करते। चलो चलते हैं और देखते हैं कि क्या हम इस कड़वाहट का इस्तेमाल उनकी वाचा तोड़ने के लिए कर सकते हैं।

क्योंकि हम देख सकते हैं कि यह पीढ़ी में हुआ है और वह और उसकी माँ ठीक नहीं हैं। इसलिए वह माँ के प्रति कटु है। और वैसे, उस समय तक माँ मर चुकी थी।

लेकिन वह, माँ मर गई जब यह द्रष्टा घायल हो गया। तो घायल होने और कड़वाहट के बाद, हमें एहसास हुआ, ठीक है, मुझे लगता है कि हम कर सकते हैं, चलो कोशिश करते हैं। इसलिए मैं युगांडा लौट आया।

मैंने अपनी भरोसेमंद लड़कियों को बुलाया। मेरे साथ काम करने वाली लड़कियाँ थीं और मैंने उनसे कहा, हमें यह काम मिला है। अगर हम यह काम जीत गए, तो हम सभी का नाम दुनिया भर में रोशन हो जाएगा।

हम खिताब जीतने जा रहे हैं। अगर हम जीत गए तो हम ग्रैंडमास्टर्स की तरह बन जाएंगे। लेकिन अगर हम असफल होते हैं, तो मेरे लिए, अगर

आप असफल होते हैं, तो हम आपसे जो बलिदान लेंगे वह आपकी माँ होगी।

इसलिए वे कहते हैं, या तो तुम अपनी माँ को खो दोगे या फिर इस लड़ाई को जीत जाओगे। मुझे अपनी माँ से लगाव था, इसलिए उन्होंने कहा, ठीक है, तुम्हारी माँ। और उनमें से हर एक को देना था, एक पिता, एक भाई, किसी ऐसे रिश्तेदार को देना था, जो अगर तुम असफल हो गए, तो वह मर जाएगा।

[जेम्स अलादिरन]

आप जवाब दे रहे थे, तो आप कह रहे हैं कि आपकी टीम में शामिल हर व्यक्ति को एक रिश्तेदार की पेशकश भी करनी थी। हाँ।

[जेम्स कवाल्या]

तो, मैं वापस आता हूँ, उनके साथ बैठता हूँ और रणनीति बनाता हूँ। उन्हें पढ़ने के बाद कहता हूँ, ठीक है, हम कोशिश करने जा रहे हैं। आप में से दो लोग जाकर शामिल होने की कोशिश करेंगे, हमला नहीं करेंगे, और शामिल हो जाएँगे।

यदि वे तुम्हें इसमें शामिल होने की अनुमति देते हैं तो वे वाचा तोड़ देंगे।

[जेम्स अलादिरन]

दूसरी बात यह है कि क्या यह उनकी वाचा का हिस्सा था कि कोई भी उनके साथ शामिल नहीं होगा?

आकाश से शाप का जाप

[जेम्स कवाल्या]

कोई भी उनके साथ शामिल नहीं हुआ। उन्होंने कहा, हम 20 लोगों और हमारे पादरी ने 90 दिनों तक हर दिन छह घंटे उपवास और प्रार्थना करने पर सहमति जताई है। यही वाचा थी।

तो मेरा काम, मैंने कहा, ठीक है, जब मैं वापस आऊंगा, तो उनसे बात करूंगा। मेरे लिए, मुझे आसमान के नीचे कहीं जाना था और वहाँ बैठकर 21 दिनों के सभी दिनों के लिए दिन-रात मंत्रमुग्ध करना था, चाहे मिशन हो या न हो। इसलिए मैं किसी इंसान को देखने या खाने या छत के नीचे रहने वाला नहीं था, बल्कि खुले आसमान पर बैठकर मंत्रमुग्ध करना और शाप और शाप बोलना जारी रखना था।

[जेम्स अलादिरन]

समूह के प्रत्येक सदस्य को कोसता है। हाँ, हाँ।

इंटरसेसरी ग्रुप पर शाप भेजना - एक हिट

[जेम्स कवाल्या]

लेकिन उनका नाम नहीं बता रहा हूँ, बस उन्हें भेज रहा हूँ। आप कभी नहीं जानते कि कोई कब उतर सकता है क्योंकि बिना कारण का श्राप इसकी अनुमति नहीं देता। इसलिए बस हज़ारों भेज दें।

यह मेरा काम था। अब, लड़कियों में से एक को जाकर शामिल होने की कोशिश करनी थी। तो वह जाओ, तुम जाओ।

अगर वे तुम्हें शामिल होने की अनुमति देते हैं, तो अब हम जानते हैं कि हम वाचा तोड़ सकते हैं। इसलिए हम दोनों एक नई कार किराए पर लेते हैं, उसे चर्च में शामिल होने के लिए कुछ पैसे देते हैं। इसलिए वह चर्च में आता है।

पहला दिन आता है और युवक, पादरी के पास आता है, और कहता है, मुझे लगता है कि भगवान मुझे आपके पास आने और शामिल होने के लिए कह रहे हैं। तो पादरी समझने ही वाला होता है। फिर वह महिला, जो द्रष्टा से नाराज है, पादरी से कहने आती है, रुको, मुझे लगता है कि उस व्यक्ति का आना भगवान की इच्छा के विरुद्ध है।

फिर यह लड़की उससे कहती है, लेकिन तुम जानते हो, तुम मुझे क्यों भगा रहे हो? वैसे, तुम पागलों की तरह बात कर रहे हो।

[जेम्स अलादिरन]

उसने तो बस उस घाव पर ही वार किया है। हे भगवान!

[जेम्स कवाल्या]

और जिस क्षण उसने ऐसा कहा, वह बस मांस में चली गई।

[जेम्स अलादिरन]

शरीर में। सुनो, हम सभी को अभी पश्चाताप करने की ज़रूरत है।

[जेम्स कवाल्या]

तो जिस क्षण वह शरीर में आई, अब जब वह क्रोध में है, तो ऐसे बात मत करो, जैसे कि तुम चुड़ैल हो। अभिशाप आ गया है।

[जेम्स अलादिरन]

मेरा मतलब है, अब वे सभी उस अभिशाप के अधीन हैं। इसलिए उसने पूरी टीम को बेनकाब कर दिया। तो, रुको, बस एक पल के लिए सांस लेने की जरूरत है।

क्योंकि, मुझे नहीं पता कि आप देख रहे हैं या नहीं, लेकिन कई बार मैंने शरीर में प्रतिक्रिया की है। क्योंकि शरीर ही दुश्मन के लिए आत्मा की चीज़ों को बंद करने का खुला दरवाज़ा है। हे भगवान।

मिस्टर फ्लेश का उद्घाटन - क्रोध, न भरे घाव, अनसुलझे मुद्दे

[जेम्स कवाल्या]

जब मैं यूएनएसएस के लिए प्रशिक्षण देता हूं, तो यही कहता हूं।

[जेम्स अलादिरन]

शरीर, क्रोध, ठीक न हुए घाव, अनसुलझे मुद्दे, और आप चाहते हैं कि इसमें पुनरुत्थान हो, तो आपको वापस आना होगा। यह समूह, वे आत्मा में उच्च जा रहे हैं, लेकिन एक अनसुलझा मुद्दा है।

[जेम्स कवाल्या]

और मैं सोच रहा हूँ कि उन्होंने इसे अनदेखा क्यों किया। वे ऐसा नहीं करना चाहते थे, वे इतने, मैं अभी भी सोच रहा था, वे इस कार्य में जाने के दौरान इन घावों से निपटने के बारे में क्यों सोचते हैं? उन्होंने इससे क्यों नहीं निपटा?

क्योंकि यह बहुत सरल था। मैंने कहा, एक मिनट रुको। जब यह लड़की अंदर आई और मैंने उसे अपमानित किया, तो उसने जवाब दिया और गाली दी।

याद रखें, जूड की पुस्तक में भी, जब हम कहते हैं कि मीकाएल भी तब अपमान नहीं कर सकता था जब वे मूसा के खून के लिए लड़ रहे थे। इसलिए उसने इस लड़की का अपमान किया। और अब हज़ारों लाशें इधर-उधर उड़ रही हैं।

अब जब उसने पादरी का अपमान किया, तो वह युवक, क्योंकि वह युवा था, यह बूढ़ा, उसने इस लड़की को एक सहकर्मी के रूप में देखा, जैसे कि भगवान ने मेरी प्रार्थना का उत्तर दिया है, किसी ऐसे व्यक्ति को लाया है जो समान भाषा बोलता है।

[जेम्स अलादिरन]

रुको, उसने उससे क्या कहा? सिवाय इसके कि भगवान ने मुझे समूह में शामिल होने के लिए बुलाया है। इसलिए उसे लगा कि वह उनका हिस्सा थी।

वह समझ नहीं पाया कि वह कहाँ से आ रही थी क्योंकि वह समूह की द्रष्टा थी और उस समय उसके पास विवेक नहीं था। और वह शायद उसे चेतावनी देने वाली थी और फिर उसने अपने घाव पर प्रहार किया और फिर वह शरीर में आ गई और फिर श्राप उतरा और फिर उसके बाद क्या हुआ? याद रखें, अब वह नाराज है।

[जेम्स कवाल्या]
इसलिए युवक, क्योंकि वह उसकी बात नहीं सुन पा रहा था, पादरी ने, चीजों को सुधारने की कोशिश करते हुए, किसी पर इतना कठोर मत बनो, कहा, ठीक है, कोई बात नहीं, तुम बैठो, चलो प्रार्थना खत्म करते हैं और मैं तुमसे बात करता हूँ। और दूसरा व्यक्ति क्रोधित है क्योंकि अब उसने उसे नाराज कर दिया है।

[जेम्स अलादिरन]
कोवेन और पुल.

[जेम्स कवाल्या]
और इसलिए बैठक के बाद, उन्होंने प्रार्थना की, वह वहां थी और फिर भेंट का समय आया और उसने लगभग 500,000, या लगभग आधा मिलियन युगांडा शिलिंग दिए।

[जेम्स अलादिरन]
ठीक है, और इस तरह का पैसा उन्होंने पहले कभी नहीं देखा है।

[जेम्स कवाल्या]
इस जगह पर, चढ़ावा $1 के बराबर है और कोई $200 के बराबर दे रहा है। और अब पादरी की तरह, लेकिन जब मैं इस पादरी का जीवन पढ़ रहा था, तो मैंने उसे बताया था कि उनके पास पैसे की समस्या थी।

[जेम्स अलादिरन]
पादरी को आर्थिक तंगी से जूझना पड़ता था। इसलिए यह एक ऐसी चीज़ थी जिससे वह जूझता था। गरीबी।

गरीबी।

[जेम्स कवाल्या]

इसलिए उनके संदेशों में भी आप सुन सकते थे, हालाँकि वे पैसे के खिलाफ़ बोल रहे थे, लेकिन उन्हें यह पसंद था। जैसे आप कह सकते हैं, इसलिए जब आप किसी चीज़ के खिलाफ़ बोलते हैं, लेकिन अंदर ही अंदर आप यह बता सकते हैं कि ऐसा इसलिए है क्योंकि उन्हें इससे डर लगता है। उन्हें इससे परेशानी है।

इसलिए हमें पता था कि अगर हम पैसे दे सकते हैं, तो हम देखते हैं कि वह कैसे प्रतिक्रिया देगा। इसलिए इस लड़की ने 500,000 दिए। आप जानते हैं, वह एक नई कार लेकर आई है और आप जानते हैं, दुनिया के उस हिस्से में कुछ लोग कुछ बड़ी चीजें लेकर आए हैं।

तो उसे पैसे मिल जाते हैं.

[जेम्स अलादिरन]
तो वाचा सिर्फ़ टूटी नहीं है। अब उसे पैर जमाने का मौक़ा मिल गया है। पैर जमाने का मौक़ा पैसों की वजह से मिला है।

[जेम्स कवाल्या]
और अब टीम के बाकी सदस्य कह रहे हैं, लेकिन भगवान ने हमें ऐसा न करने को कहा है। तो जैसे, नहीं, नहीं, नहीं। भगवान ने हमें आशीर्वाद दिया है।

तो पैसे की वजह से असहमति है। वह चली जाती है। वह अंदर आती है और कहती है, उन्हें पैसे मिल गए हैं।

और मैंने उससे कहा, जब तक उन्हें पैसे मिल गए हैं, अब हमें उनकी पूजा में हस्तक्षेप करने की ज़रूरत है। क्योंकि अब हमारे पास पैसे हैं, वे तुम्हें अस्वीकार नहीं कर सकते। इसलिए वह दूसरे दिन चली गई और फिर वह एक दोस्त, एक और लड़की के साथ आई, जिसे उन्होंने पादरी से मिलवाया।

आप जानते हैं पादरी, यह मेरी दोस्त है। वह भी शामिल होना चाहती है। अब पादरी वाचा भूल गया है।

अब यह वृद्धि की तरह दिख रहा है। भगवान नए सदस्य ला रहे हैं। और इसलिए, आप जानते हैं, वह एक उपासक है।

क्या आप उसे दो गानों में शामिल होने और उनका नेतृत्व करने दे सकते हैं? उसी समय, वह वेदी के लिए एक गीत का नेतृत्व करने के लिए वेदी पर आई।

पादरी की बेटी अनुबंध में नहीं

[जेम्स अलादिरन]

हमें पता था कि हमें इससे उबरना होगा। वाह। अब एक और पक्ष था जिस पर आपने हमला किया।

मैं आ रहा हूँ। ठीक है, ठीक है, ठीक है। क्योंकि मैं चाहता हूँ कि तुम भी आ जाओ, क्योंकि यही वो है जो मुझे अच्छी तरह याद है।

ठीक है, ठीक है। आप उसकी बेटी के साथ उस पर आने वाले हैं।

[जेम्स कवाल्या]

तो पादरी अब भी उनके साथ था, लेकिन हम जानते थे कि हमें उसे समूह से अलग करना होगा। और हम उसे कैसे अलग कर सकते थे? हमें यह सुनिश्चित करना था कि उसकी आत्मा में संवेदनशीलता कम हो।

अब उसे अपनी संवेदनशीलता कहाँ से मिल रही थी? हर सुबह, उसके पास प्रार्थना करने और उपचार से गुजरने के लिए सुबह का समय हो सकता था। जैसे सुबह की भक्ति।

यही वह चीज थी जो उसे हर दिन मजबूत बनाती थी। इसलिए मैं अपनी टीम से कह रहा था, " देखो, अब हमें उसके शांत समय में हस्तक्षेप करने का कोई रास्ता खोजना होगा। क्योंकि यहीं पर उसकी ताकत है। "

अगर हम हस्तक्षेप कर सकते हैं, तो लोगों के साथ एक वाचा है, लेकिन शांत समय के कारण भगवान के साथ एक व्यक्तिगत वाचा है। इसलिए हमें उसकी नींद में हस्तक्षेप करना पड़ा और यह कैसे किया जा सकता था। हमें एहसास हुआ कि वह अपने लोगों के साथ वाचा में था, लेकिन उसकी एक बेटी थी जो वाचा में नहीं थी।

और उसे वह बेटी फिर से जन्म लेने से पहले ही मिल गई थी। तो यह एक अकेले पिता की तरह था जो अपनी बेटी के साथ रह रहा था। इसलिए हमें लगा कि उस पर हमला नहीं होना चाहिए क्योंकि हमें चेतावनी दी गई थी कि उस पर हमला न करें।

उसे मत छुओ। क्योंकि अगर तुम उसे छूओगे, तो तुम खत्म हो जाओगे। लेकिन अब उसे वाचा से अलग कर दो।

तो हमला एक्जिमा को प्रोजेक्ट करने के लिए था। एक्जिमा, त्वचा रोग। बेटी को त्वचा रोग।

रात में वह सो नहीं पाता। वह बेटी की देखभाल कर रहा है। इसलिए बेटी रात भर रोती रहती है और रोती रहती है और रोती रहती है।

फिर वह बेटी की देखभाल कर रहा है। सुबह तक, सुबह के समय वह थक जाता है। वह थका हुआ है, वह अपनी भक्ति नहीं कर सकता।

बच्चे की वजह से वह भक्ति नहीं कर पा रहा है। और अब... वह प्रार्थना सभा में जा रहा है।

वह प्रार्थना सभा में जा रहा है। वह प्रार्थना सभा में आता है और उसे याद आता है कि उसे बच्चे को अस्पताल ले जाने के लिए अब पैसे की ज़रूरत है। और अब वह जो पैसे इस्तेमाल करने जा रहा है, वे लड़कियाँ उसे दे रही हैं।

और फिर लड़कियों में से एक ने बच्चे को इलाज के लिए क्लिनिक, अस्पताल ले जाने की पेशकश की। और फिर बच्चे पर और जादू कर दिया। क्योंकि अब उसने अपना बच्चा उसके हवाले कर दिया था।

फिर यह दूसरा, हम बहस करते हैं, आप जानते हैं, इस आदमी के पास शक्ति है, अभी भी शक्ति है। हमें उसे कोर टीम से अलग करने की जरूरत है। तो यह लड़की पादरी को सुझाव देती है, मुझे लगता है कि मुझे आपके लिए एक घर खरीदना चाहिए।

[जेम्स अलादिरन]
तो क्या इस समय वे सभी एक समुदाय में रह रहे थे? हाँ, एक साथ समुदाय में। एक ही जगह पर रह रहे थे।

क्योंकि इसीलिए वे वैसा कर सकते थे जैसा वे कर रहे थे। हाँ, हाँ।

[जेम्स कवाल्या]

तो अब हम उसे वहाँ से हटाना चाहते हैं... याद रखो, हम आ गए हैं। हमने वाचा को अपवित्र कर दिया है, लेकिन वे अभी भी उसका पालन कर रहे हैं।

[जेम्स अलादिरन]

तुमने वाचा को अपवित्र किया। तुमने वेदी को अपवित्र किया। अब तुम पादरी की बेटी पर हमला करके उसे अलग कर रहे हो।

और इसलिए उसकी समझ अब कमज़ोर हो गई है। वह समझ ही नहीं पाता कि क्या हो रहा है। वह थक गया है।

[जेम्स कवाल्या]

और अब अगला सवाल यह है कि हम उसके समय में कैसे हस्तक्षेप कर सकते हैं ताकि वह समय पर वेदी पर न आ सके? यह आखिरी झटका है। क्योंकि ये सब हो चुका है, लेकिन वह अभी भी समय का पालन करता है।

तो जैसे युद्ध में स्वर्ग का भाव होता है। तो यह ऐसा है जैसे उसे एक घर खरीद कर दो और प्रार्थना स्थल से दूर। तो यह आदमी कहता है, ठीक है, मैं तुम्हारे लिए एक घर खरीद रहा हूँ।

ओह, वह उत्साहित है। इसलिए वह उसे एक घर खरीदता है, जैसे उसे घर के बारे में बताता है, उसे सुसज्जित करता है। और अब, उसे अशुद्ध भोजन से सुसज्जित करता है।

जैसे कि वे अपना खून और क्या-क्या जूस में डालेंगे और क्या-क्या। इसलिए वह इस घर में आता है। सब कुछ सुसज्जित है और मुफ़्त है और सब कुछ।

तो वो ये जूस पीता है। वो ये सब लेता है। वो ये सब लेता है।

इसलिए वह शरीर में अपवित्र हो रहा है। लेकिन वह उस टीम से भी दूर है जो उसे चेतावनी दे सकती है। और इसका उद्देश्य उसे देरी करने के लिए मजबूर करना था।

क्योंकि याद रखें, लड़कियों में से एक उसे चला रही है। अब वह ड्राइवर है। इसलिए वह सुनिश्चित करती है कि वह जाए।

क्योंकि वह गाड़ी नहीं चला सकता था।

[जेम्स अलादिरन]
वह गाड़ी नहीं चला सकता था। वह नहीं चला सकता था। रणनीति देखिए।

यह बहुत सोच-समझकर बनाया गया है। तो देखिए, जैसा कि आप यह सुन रहे हैं, जैसा कि लोग इसे सुन रहे हैं, मुझे उम्मीद है कि आप देख रहे होंगे कि दुश्मन कितना रणनीतिक और विस्तृत है। और चर्च, उन्हें इस बात का बिल्कुल भी अंदाज़ा नहीं था कि वे आत्मा में कितनी शक्ति उत्पन्न कर रहे थे।

उन्हें इस बात का बिल्कुल भी अंदाज़ा नहीं था कि उनका क्या असर होने वाला है। तो यह सिर्फ़ इसलिए हुआ क्योंकि, मुझे लगता है, उसके अंदर कमज़ोरी के कुछ क्षेत्र थे। वह पैसे और इस सब के साथ दुश्मन के इस हमले के लिए तैयार था।

मेरा मतलब है, इसमें बहुत सारी शिक्षाएं हैं।

[जेम्स कवाल्या]
और वास्तव में, जैसा कि मैंने कहा, इसमें बहुत से सबक हैं। और अगर परमेश्वर ने लोगों के साथ कोई काम सौंपा है, तो उन लोगों पर नज़र

रखें। लेकिन साथ ही, अगर आपके अंदर कुछ ऐसा है जिसका इस्तेमाल आपके खिलाफ़ किया जा सकता है, तो प्रभु से पूछें।

[जेम्स अलादिरन]
इसीलिए दाऊद ने भजन 139 में कहा, देखो कि मुझमें कोई दुष्ट मार्ग तो नहीं है। नियमित रूप से प्रार्थना करना बहुत महत्वपूर्ण बात है। यह उन सभी घावों को साफ करने, उजागर करने, हटाने, उन सभी खुले दरवाजों की तरह है।

[जेम्स कवाल्या]
और आप जानते हैं, आज लोग कह रहे हैं, एक बार फिर से जन्म लेने के बाद, हमेशा के लिए फिर से जन्म लेने के बाद, आपको शुद्धिकरण से गुजरने की ज़रूरत नहीं है। और मैं उन्हें देखता हूँ और कहता हूँ, देखो, तुम नहीं जानते। क्योंकि मैं उस मंदिर में था।

और मैं जानता हूँ कि महान लोग कैसे असफल होते हैं, शक्तिशाली लोग कैसे असफल होते हैं, उनके साथ क्या हुआ। वे छोटी-छोटी बातें, आपको लगता है कि वे मायने नहीं रखतीं। आप समझे?

यहां तक कि परमेश्वर ने सेवकाई को बढ़ाने के लिए आपके जीवन में जो ढांचे रखे हैं, उनका भी आपके विरुद्ध प्रयोग किया जा सकता है, यदि आप उन पर नजर नहीं रखते।

[जेम्स अलादिरन]
आप उन्हें चोट पहुँचाते हैं, वे आपको चोट पहुँचाते हैं। मेरे पास भी एक सवाल है। आप जानते हैं, आपने कहा कि उनकी बेटी के बारे में कुछ ऐसा था जो वाचा में नहीं था।

पीछे मुड़कर देखें तो, अपनी बेटी को वाचा में शामिल करने के लिए उसे क्या करना चाहिए था?

[जेम्स कवाल्या]

प्रार्थना के समय, जैसे कि जब वह इन लोगों से बहस कर रहा था, तो उसे यह कहना पड़ा, ठीक है, प्रभु, हम भी इस समय के दौरान इस बच्चे को आपको समर्पित करते हैं। जैसे कि आप प्रार्थना के मौसम में जा रहे हैं, लेकिन आप अपने परिवार को उसमें नहीं लाते। आपकी पत्नी, आप बस जाइए, मैं प्रभु के पास जा रहा हूँ, मैं पहाड़ पर जा रहा हूँ, मैं प्रभु की तलाश करने के लिए प्रार्थना स्थल पर जा रहा हूँ।

लेकिन आप यह भूल जाते हैं कि अब दुश्मन आपके घर जाकर आपकी पत्नी या बच्चे का इस्तेमाल करके आप तक पहुंच बनाने वाला है।

[जेम्स अलादिरन]

तो या तो उन्हें ऐसा करना चाहिए था, उसे वाचा का हिस्सा होना चाहिए था या फिर वाचा की प्रार्थना के दौरान उसे प्रार्थना में शामिल करना चाहिए था। ठीक है।

टीम पर आध्यात्मिक आवरण रखने का महत्व

[जेम्स कवाल्या]
तो उसे ऐसा करना चाहिए था, लेकिन उसने ऐसा नहीं किया, शायद उसने किया हो। और मुझे लगता है कि, मैं यह कहना चाहता हूँ। हमने उसके अतीत में जो चीज़ें देखीं, उनमें से एक यह थी कि वह यह सब कर रहा था, लेकिन वह आध्यात्मिक अधिकार के अधीन नहीं था।

[जेम्स अलादिरन]
आह, यह तो बहुत बड़ी बात है।

[जेम्स कवाल्या]
इसलिए उसके पास कोई सुरक्षा नहीं थी और हम उसका इस्तेमाल कर सकते थे। उसके जीवन में कोई पिता नहीं था जो उस पर नज़र रखता और उसकी रक्षा करता। इसलिए कोई प्रेरितिक अधिकार उसे सुरक्षा नहीं दे रहा था और वह इतना महान काम कर रहा था।

और यही एकमात्र चीज़ है जो मैंने लोगों को चेतावनी देना और लोगों को प्रशिक्षित करना सीखा है। देखो, चाहे भगवान ने तुम्हें कितना भी बुलाया हो, तुम्हें खुद को बचाने के लिए एक अधिकारी की ज़रूरत होती है। और मुझे एहसास हुआ कि वह अंदर नहीं था, क्योंकि अगर उसके जीवन पर कोई और पुरुष और महिला होती, तो वे उसे अस्वीकार कर देते और उसे चेतावनी देते।

याद रखें इस समूह में वह मुखिया था, अल्फा था और ओमेगा था। इसलिए कोई भी उससे ऊपर नहीं हो सकता था। उसके नीचे वाले लोग अब यह नहीं कह सकते थे कि हम पटरी से उतर रहे हैं।

अब, क्योंकि वे ऐसा नहीं कर सकते थे, तो यह एक आध्यात्मिक पिता की भूमिका होती। उसे चेतावनी देने के लिए। उसे चेतावनी देने के लिए और कहने के लिए, रुको, मैंने आत्मा को देखा है।

कुछ हो रहा है, लेकिन वहाँ कोई नहीं था। इसलिए उसे वेदी से भगा दिया जा रहा है।

[जेम्स अलादिरन]
एकाकी।

[जेम्स कवाल्या]
अलग-थलग। और यह एक और तरकीब है जो लोगों को सीखनी चाहिए। दुश्मन जो कुछ करेगा, वह यह है कि वह आपको आपकी टीम से अलग-थलग कर देगा।

आप जानते हैं, और आपको उन पुरुषों और महिलाओं से अलग कर देते हैं जो आपके लिए प्रार्थना करते हैं। आप बहुत व्यस्त या बहुत कार्यकारी हो जाते हैं। आप जानते हैं, वे आपके साथ प्रार्थना करते थे, साथ में भगवान का नाम लेते थे, यह बहुत बड़ा और बड़ा है।

और अब तो आपकी अंतरात्मा की बहन को भी आपसे मिलने के लिए अपॉइंटमेंट की ज़रूरत है। वे आपसे मिल नहीं सकतीं। आप एक महान व्यक्ति हैं।

आप पूरी दुनिया में हैं। आप सभी देशों में हैं। इसलिए आप एक बड़े आदमी बन जाते हैं।

इसलिए दुश्मन आपको उन लोगों से अलग कर रहे हैं जो आपके लिए प्रार्थना करते हैं और जो लोग आपसे प्यार करते हैं, जो लोग आपके साथ चलते हैं। आप जानते हैं, क्योंकि ऐसे लोग हैं जिनके साथ हम

मंत्रालय शुरू करते हैं जो बिना इसके हमें प्यार करते हैं। और फिर ये बाद में आएंगे।

और आप कहते हैं, आप जानते हैं, मंत्रालय ने आप लोगों को आगे बढ़ाया है। हम इतने उन्नत हो रहे हैं। हमें अब व्यवसाय योजना, व्यवसाय रणनीति की आवश्यकता है।

आप उन पुरुषों और महिलाओं को फेंक देते हैं जिन्होंने आपको पाला है और वे घायल हो जाते हैं। वे आहत होते हैं। वे शिकायत करते हैं।

वे बड़बड़ाते हैं। और ऐसा कई मंत्रालयों में हो रहा है।

पादरी अलग-थलग, वेदी प्रदूषित

[जेम्स अलादिरन]
तो पादरी अलग-थलग है। वह प्रदूषित है। वेदी प्रदूषित है।

मण्डली उन एजेंटों की वजह से खंडित हो गई है जिन्हें भेजा गया है। तो आगे क्या होता है? तो आगे, इस कहानी में क्या हुआ?

[जेम्स कवाल्या]
अब, दो शब्द, वास्तव में यह 20वें दिन था। अब मैं आपको दिखा रहा हूँ कि यह वाचा कितनी मजबूत थी। सारी अशुद्धता के बीच, अभी भी कुछ हद तक अधिकार था।

तो उस 20वें दिन वे चर्च आते हैं।

प्रार्थना श्रृंखला 2 दिन में टूटकर 90 दिन की अंतिम रेखा पर पहुँच गई

[जेम्स अलादिरन]
जब आप 20वां दिन कहते हैं? जब से हम आए हैं, 20वां दिन। ठीक है।

तो अब 90 तक पहुंचने में कुछ दिन बाकी हैं। दो दिन। 90 तक पहुंचने में दो दिन।

90 तक दो दिन शेष हैं।

[जेम्स कवाल्या]
दो दिन। और अब तक दो और लड़कियाँ फ़ेलोशिप में शामिल हो चुकी हैं। अब इस फ़ेलोशिप में हम चार लोग हैं।

लेकिन वे हमला नहीं कर रहे हैं। लेकिन अब परमेश्वर का आदमी प्रदूषित हो गया है। वेदी प्रदूषित हो गई है।

टीम बड़बड़ा रही है। लेकिन हम चाहते हैं... तो उस 20वें दिन, वाचा से सिर्फ़ दो दिन पहले, वे इस संगति में आते हैं।

और मुझे लगता है कि यह महिला इसे बर्दाश्त नहीं कर सकती थी। उन्होंने एक सवाल उठाया। धर्मोपदेश के बीच में उन्होंने कहा, पादरी, यहाँ ये सभी लोग, ये सब कर रहे हैं।

हम चिल्लाने की तरह वाचा तोड़ रहे हैं। और फिर, क्योंकि वह पहले से ही अशुद्ध है, वह उसे शाप के साथ जवाब देता है। क्योंकि हमें जो चाहिए वह है कि परमेश्वर के आदमी को अपने लोगों को शाप देने के लिए उकसाया जाए।

क्योंकि वह अंतिम प्रहार था। यदि वह अपवित्र था, लेकिन वह आगे बढ़ता रहा, लेकिन अब उसे वाचा को शाप देने की आवश्यकता थी।

[जेम्स अलादिरन]

यह ऐसा है जैसे कोई दुश्मन आपकी पत्नी को या आपके बच्चे को या आपकी टीम को शाप देने के लिए उकसाया गया हो। इसलिए जब आप कहते हैं कि उसके लोगों को शाप दो, तो बिना यह कहे कि उसने क्या कहा, क्या आप हमें यह बता सकते हैं कि शाप से आपका क्या मतलब है? क्योंकि वह गुस्से में जवाब दे सकता था कि तुमने मुझसे इस तरह बात करने की हिम्मत कैसे की।

यह कोई अभिशाप नहीं है.

[जेम्स कवाल्या]

मैं तुम्हें मार डालूँगा। ओह, तुम मर जाओगे। अगर उसने ऐसा कहा।

हाँ, तुम मुझे मत छुओ। तुम मर जाओगे। तुम मर जाओगे।

और तुम सब मर सकते हो। छूना मत। गर्व।

अब गर्व। अब गर्व। अब, महिलाओं के बजाय, अब वह कह रहा है, एक घायल आत्मा को श्राप बोलो।

अब घायल अवस्था में वह उस पर हमला करने आती है। किस तरह से? शारीरिक रूप से।

शारीरिक रूप से। अरे नहीं। देखा?

और जब वह हमला करने के लिए आता है, तो समूह के अन्य सदस्य भी बंट जाते हैं। आप जानते हैं कि वे क्यों बंटे हुए हैं? उनमें से कुछ ने पहले ही इन लड़कियों से छोटे-मोटे व्यवसाय शुरू करने के लिए पैसे ले लिए हैं।

तो एक समूह है- वे मूल रूप से अपवित्र हैं। वे दूषित हैं। इसलिए उस हमले में, हमला करने के लिए आता है, व्यक्ति वापस हमला करता है, अन्य समूह हमला करते हैं, और भ्रम की स्थिति पैदा होती है।

और यहीं पर इस कहानी का अंत हो गया, है न?

[जेम्स अलादिरन]
यहीं पर आधार का अंत होता है।

राजमार्ग खुला है

[जेम्स कवाल्या]
इसलिए वे दूसरे दिन नहीं आ सके। क्योंकि लड़ाई के बाद आप फिर से साथ नहीं आ सकते। किसी को खून बह रहा है, और फिर मुझे फ़ोन आता है, और वे कहते हैं, हट जाओ।

लाइनें खुली हैं। हाईवे खुला है। हम टूट गए हैं।

तो पीछे हटो। तो मैं अपने घर वापस आ गया, बहुत उत्साहित। हर बार जब मैं यह बात साझा करता हूँ, तो मेरी पत्नी मुझे पत्थर मारना चाहती है।

क्योंकि वह कहती है, तुमने एक पुनरुत्थान को रोक दिया। तुमने इसे रोक दिया। लेकिन, यह यहीं खत्म हो जाता है।

वे ख़त्म नहीं कर सके। सिर्फ़ एक दिन। सिर्फ़ एक दिन।

वाचा के लिए.

[जेम्स अलादिरन]

अब, अगर वे 90 तक पहुँच जाते, तो शायद इसका उतना असर न होता, क्योंकि वे पहले से ही बहुत सारी अशुद्धियाँ झेल चुके होते। लेकिन अगर वे, कम से कम, फिनिशिंग लाइन तक पहुँच जाते।

[जेम्स कवाल्या]
अंतिम रेखा। जैसे, अगर उन्होंने उस दिन लड़ाई नहीं लड़ी होती, और वे अगले दिन आ सकते थे, उस दर्द में भी, अगर उन्होंने ऐसा किया होता, जैसे, कहो, ठीक है, हमने लड़ाई लड़ी है, लेकिन चलो पश्चाताप करते हैं।

[जेम्स अलादिरन]
हम पर हमला हो रहा है। मुझे माफ़ कर दो। मुझे माफ़ कर दो।

हमारे बीच एक वाचा है। मुझे खेद है। पश्चाताप से बहुत सी चीजें खत्म हो सकती थीं।

हे भगवान! पश्चाताप करो, लोगों! पश्चाताप करो।

आप समझ गए होंगे। अगर वो पल होता, तो वो कहते, बहन, हमारे पास एक दिन है।

[जेम्स कवाल्या]
ठीक है, विनम्रता, पश्चाताप, टूटन। तुम कहते हो, तुम्हें पता है, तुमने मुझे खरोंच दिया। मैंने यह सब किया है।

मैंने तुम्हें श्राप दिया है, लेकिन चलो पश्चाताप करते हैं। चलो एक दूसरे को माफ करते हैं। चलो वाचा को खत्म करते हैं।

लेकिन यह अभी भी चल रहा था। वे सिर्फ़ बचे हुए थे। अगले दिन, वे नहीं आए।

वे बहुत नाराज़ थे। बहुत नाराज़ थे। और उन्होंने लड़ाई की थी।

अतीत लड़खड़ा गया था।

अध्याय 12 – एक अनोखी मुलाकात

[जेम्स अलादिरन]
ठीक है। तो, चलिए आगे बढ़ते हैं। तो, अब आपने यह वाचा तोड़ दी है।

आप सफल हैं। आपको फिर से बुलाया गया है।

[जेम्स कवाल्या]
नहीं, नहीं। अरे, रुको, क्या हुआ? मैं वहीं लौट आया जहाँ मैं रह रहा था।

हाँ। मेरी टीम के साथ। उन्हें अपना घर मिल गया।

क्योंकि अगले दिन मैं रोम, इटली की यात्रा पर जा रहा हूँ।

[जेम्स अलादिरन]
तो, यह 90वां है या 91वां?

[जेम्स कवाल्या]
91वां.

[जेम्स अलादिरन]
91वां, हाँ।

[जेम्स कवाल्या]
मैं उस स्थान पर दीक्षा और प्रशंसा के लिए जा रहा हूँ। क्योंकि मैंने काम पूरा कर लिया है। मुझे इस तरह के सभी पैसे, शक्तियाँ, अधिकार और ऐसी ही अन्य चीजें देने का वादा किया गया है।

इसलिए, मुझे अगले दिन यात्रा करनी है और अपना इनाम प्राप्त करना है। अब, उस दिन, जहाँ मैं जा रहा था, योजना यह थी कि अगर मैं वहाँ

पहुँच गया, तो वे मुझे बलि चढ़ा देंगे और मुझे मार देंगे और मेरा मांस बाँट देंगे। क्योंकि उन्होंने कहा कि मैं अब वह ऊर्जा ले जा रहा हूँ जिसकी उनमें से प्रत्येक को अपने शरीर में ज़रूरत है।

अतः, जीवन भर शैतान की सेवा करने के बाद, पहले दिन से लेकर 24वें दिन तक, उसकी सेवा करने का इनाम मुझे मारना था।

[जेम्स अलादिरन]
तो, उस समय आप 24 वर्ष के थे? अब मैं 24 वर्ष का हूँ। तो, मैं 24 वर्ष का हूँ और वे आपको मारना चाहते हैं।

अब, सिर्फ़ देखने वालों के लिए, क्योंकि मैं कहानी के इस हिस्से को जानता हूँ, जिस तरह से आपको पता चला कि यह उनकी योजना थी, बाद में, उस मीटिंग में कुछ लोग थे, जिन्होंने आपको मारने की योजना बनाई थी, अंततः बच गए और सालों बाद, उन्होंने आपको बताया कि वे आपके साथ क्या करने वाले थे। ठीक है, तो, हमें कहानी का बाकी हिस्सा बताओ। अब, मुझे नहीं पता।

मैं यात्रा करने की योजना बना रहा हूँ। हाँ, आप यात्रा करने की योजना बना रहे हैं।

यीशु एक जवान औरत को भेजता है

[जेम्स कवाल्या]
फिर प्रभु यीशु एक युवा महिला, एक छात्रा के पास जाते हैं, और उससे कहते हैं कि आओ और मुझे उपदेश दो। अब, वह महिला, वह युवा लड़की, उस समय 19 वर्ष की थी, वह मेरी बहन के साथ विश्वविद्यालय में एक ही पाठ्यक्रम में थी। इसलिए, वह मेरे बारे में सब कुछ जानती थी।

वह जानती थी कि मैं कितना दुष्ट था। इसलिए प्रभु ने उससे कहा, कल, उस लड़के को उपदेश देने जाओ। और लड़की ने प्रभु यीशु से कहा, पिता, एक बिशप भेजो, एक प्रेरित भेजो, एक पादरी भेजो।

मैं नहीं कर सकती, वह लड़का दुष्ट है। दुष्ट लोग भी उसे दुष्ट कहते हैं। और वह कहती है, प्रभु ने उससे कहा, मेरे राज्य में सबसे छोटा व्यक्ति अंधकार के राज्य में सबसे बड़े व्यक्ति से बड़ा है।

यही प्रभु ने उससे कहा था। और ऐसा कहकर उसने मन ही मन कहा, ठीक है, चलो, मैं चलती हूँ, लेकिन मैं सुबह बहुत जल्दी जाऊँगी, सुबह 7 बजे घूमूँगी, फिर आकर प्रभु से कहूँगी, मुझे नहीं मिला। जहाँ तुम रहते हो, वहाँ घूमो।

मैं विश्वविद्यालय में था। इसलिए, वह जानती थी कि मैं कहाँ रह रहा हूँ, मेरे निवास के हॉल में। इसलिए, उसके लिए, वह ऐसी थी, कोई भी छात्र सुबह 7 बजे नहीं जाग सकता। कोई भी नहीं। सुबह 7 बजे, नहीं। इसलिए वह जानती थी कि मैं नहीं जाग सकता, क्योंकि मेरे जीवन में ऐसा कोई तरीका नहीं है जिससे मैं सुबह 7 बजे जाग सकूँ। इसलिए वह सुबह 7 बजे उठ गई, बस यह दिखावा करने के लिए कि वह मुझे उपदेश देने आ रही है। इधर-उधर घूमो, फिर वापस जाओ और प्रभु से कहो, मैंने आज्ञा का पालन किया, लेकिन मैं उसे नहीं पा सका।

वह मुझे बताती है कि यही उसकी योजना थी। अब, उस सुबह, मैं इटली के लिए उड़ान लेने के लिए हवाई अड्डे पर जा रहा हूँ। उस सुबह, सुबह 7 बजे, जब मैं अपने कमरे से बाहर निकलता हूँ, तो वह मुझसे मिलती है, मेरे स्थान से बाहर। तो, वह कहती है, हे भगवान, मैं समाप्त हो गया। तो, अपने दिल में, वह कहती है, मुझे पहले वापस जाकर प्रार्थना करने दो। मैं बाद में उसे उपदेश दूँगी।

तो, मैं उसके पास से गुज़रा। अब, जब मैं उसके पास से गुज़रा, तो उसने कहा, प्रभु ने उससे कहा, उसे बुलाओ। तो, मैं उसके पास से गुज़रा, उसने कहा, जेम्स।

मैंने कोई जवाब नहीं दिया, क्योंकि वहां किसी ने मुझे उस नाम से नहीं पुकारा था। मुझे मास्टर कहकर बुलाया जाता था। मेरे लेक्चरर समेत सभी लोग मुझे मास्टर कहकर बुलाते थे।

मास्टर जेम्स। मास्टर जेम्स। मास्टर, बस मास्टर।

यहाँ तक कि पुलिस और सरकार में बैठे लोग भी मुझे मास्टर कहकर बुलाते थे। इसलिए, मैं इस लड़की को देखता हूँ जो मुझे जेम्स कहकर बुलाती है, लेकिन वह मुझे मास्टर नहीं कह सकती थी, क्योंकि उसका एक मास्टर था, यीशु। इसलिए, मैं चलता रहा।

उसने फिर पुकारा, जेम्स। उसने तीसरी बार पुकारा, जेम्स। अब, मैं जानता हूँ कि रहस्यवाद के नियमों में, अगर आपको तीन बार चुनौती दी जाती है और आप जवाब नहीं देते हैं, तो आप हार गए हैं।

तो, मैंने मन ही मन कहा, लेकिन मैं कहीं जा रहा हूँ, चलो उसे सज़ा देता हूँ। तो, मैं वहाँ गुस्से में हूँ। तो, उसके पास मुझे सिर्फ़ बुलाकर गुस्से की स्थिति में लाने की क्षमता थी।

अब, यह बहुत महत्वपूर्ण है, क्योंकि क्रोध के समय आपकी शक्ति शून्य हो जाती है। आप अधिकार खो देते हैं। जब आप क्रोधित होते हैं।

तो, उन अंधकार के साम्राज्य में, नहीं, जो कोई भी क्रोध की जगह लाने की क्षमता रखता है, उसने आपको निहत्था कर दिया है। इसलिए, मैं उस समय यह भूल गया था, क्योंकि मुझे क्रोध महसूस हुआ था। मैं शांत और आश्वस्त रहता और अपने काम पर आगे बढ़ता।

लेकिन अब, क्योंकि मुझे अपने अंदर गर्व महसूस हुआ, आप जानते हैं, उन्हें कितना गर्व है। तो, मुझे लगा कि वह मुझे चुनौती दे रही है, और मुझे गुस्सा आया। तो, मेरे मन में, मैं सोच रहा था, मैं क्या कर सकता हूँ?

क्या मैं उसे यहीं मार सकता हूँ? या मैं उसे अंधा कर सकता हूँ? या मैं उसे पागल बना सकता हूँ?

और मैं कुछ ही मिनटों में, बस एक सेकंड में, कुछ सेकंड में ऐसा कर सकता था। मैंने कई जन्मों में ऐसा कभी नहीं किया। इसलिए, मुझे पता था कि मैं उसकी ओर मुड़ सकता हूँ, उसकी आँखों में देख सकता हूँ, और उसे पागल कर सकता हूँ।

तो, मैंने कहा, ठीक है, मैं उसे पागल कर दूँगा। जब तक मैं वापस नहीं आ जाता, वह अपने कपड़े उतारकर कैंपस में नंगी ही घूमेगी। तो, मैंने मन ही मन उसे ऐसा करने के लिए कहा।

और फिर, जब मैंने उसकी आँखों में देखा, तो उसकी आँखों में प्रकाश की चमक, प्रकाश के बोल्ट, उसकी आँखों से निकल रहे थे और मुझे तीन बार मार रहे थे। मैंने कहा, मैंने क्या देखा है? मैं फिर से उस आदमी की तरफ देखता हूँ, मुझे चोट लगी है।

फिर मैं कहता हूँ, यह किस तरह का व्यक्ति है? मैंने हज़ारों लोगों से लड़ाई की है, बिशपों से, पादरियों से, यह किस तरह का है? तो, मैं उसे दूसरी बार देखता हूँ, और हर बार जब वह फ्लैश मुझ पर पड़ता है, तो शक्तियाँ गायब हो जाती हैं।

उसने मुझे पैड पर मारा, और वह कुछ भी नहीं बोल रही थी, बस मेरी तरफ देख रही थी। तब मुझे पता चला, अब यह युद्ध है। अब यह युद्ध है।

क्योंकि मैंने कभी ऐसी शक्ति का सामना नहीं किया था। मैंने कभी नहीं देखा था। और यह कैसी लड़की थी?

मैंने सोचा कि यह सिर्फ़ एक युवा महिला है। इसलिए, अब मुझे वास्तव में समर्थन जुटाना था, प्रोजेक्ट करना था और उस क्षेत्र में चुड़ैलों और जादूगरों को बुलाना था, जो मेरे अधीन काम कर रहे थे।

[जेम्स अलादिरन]
ठीक उसी जगह पर, आप चारों ओर मौजूद चुड़ैलों और डायनों से संवाद कर रहे हैं, उनकी शक्तियों को बुला रहे हैं। उनकी शक्तियों को बुला रहे हैं कि वे आएं और मेरी मदद करें।

[जेम्स कवाल्या]
तो, कुछ ही मिनटों में, उनमें से 600 मेरे आस-पास थे। वह उन्हें नहीं देख सकती, लेकिन वे अब मेरे आस-पास हैं। वे उसके लिए अदृश्य हैं।

लेकिन क्या मैं यह जान सकता हूँ कि मेरे पास 600 की सेना है। तो, अब मुझे जो करना है, वह यह है कि बाकी 600 सेनाएँ एक साथ मिलकर उस पर हमला करें। इस तरह, 600 सेनाएँ एक हो जाएँगी।

इसलिए, मुझे एक बार फिर से उसे देखने और फिर प्रोजेक्ट करने के लिए पर्याप्त साहस होना चाहिए, फिर सभी 600 हमला कर सकते हैं। तो, वह वहाँ खड़ी है। और प्रभु ने उससे कहा, उसने बाद में मुझे बताया, प्रभु ने उससे कहा, शांत रहो और जानो कि मैं ईश्वर हूँ।

और फिर प्रभु ने उससे कहा, शांत रहो। तो, इस सब के बीच, मैं अपनी आँखें बंद कर रहा हूँ, मैं उसकी ओर देख रहा हूँ, वह मुस्कुरा रही है।

[जेम्स अलादिरन]
बहुत खूब।

यीशु से मुलाकात

[जेम्स कवाल्या]
यह ऐसा है, जैसे कि मुस्कुराहट कह रही हो, मैं प्रभारी हूँ। और वह बस मेरी ओर देख रही है। तो, मैं उसकी ओर देखता हूँ, और अब मैं चाहता हूँ कि 600 लोग उस पर हमला करें।

और जहाँ वह खड़ी है, मैं उसे नहीं देख पा रहा हूँ। मैं तो बस प्रकाश का एक स्तंभ देख रहा हूँ जो स्वर्ग से जुड़ रहा है। वाह।

उसकी जगह पर। और फिर मैं प्रकाश के खंभे में देखता हूँ, एक आदमी, अब मुझे पता है कि यह यीशु है। वह मेरी ओर देख रहा है।

वाह। बस मेरी तरफ़ देखो। अब, जिस क्षण उसकी आँखें मेरी आँखों को छूती हैं, मैंने 600 को 600 दिशा में भागते हुए, चिल्लाते हुए और भागते हुए देखा, जिसमें लूसिफ़र भी शामिल था।

वह मौजूद थे। मुझे उस समय पता नहीं था। वे मौजूद थे, जैसा कि मैं देख सकता था।

और वह नहीं है, मैं देख रहा हूँ कि बचपन के ये सारे शैतान तुरन्त ही चले जा रहे हैं, बस एक नज़र से। आप जानते हैं, लोग कहते हैं कि यीशु और शैतान के बीच कुश्ती चल रही है। यह असंभव है।

जब यीशु प्रकट होते हैं तो शैतान और उसके दुष्टात्माएँ लड़ नहीं पाते।

[जेम्स अलादिरन]
नहीं, वह ऐसा नहीं कर सकता.

[जेम्स कवाल्या]

वे ऐसा नहीं कर सकते। ऐसा लगता है, ओह, शैतान यीशु पर हमला कर रहा है। यह असंभव है।

यह नहीं हो सकता। यह नहीं हो सकता। क्यों?

हर घुटना झुकता है और हर बार। इसलिए, जब वह प्रकट होता है, तो शैतान लड़ाई नहीं कर सकता। दोनों के बीच कोई कुश्ती नहीं होती।

उसे भागना ही होगा। उसे भागना ही होगा, और मुझे नहीं पता कि वह कहां जाता है, लेकिन उसे भागना ही होगा क्योंकि मैंने वह पल देखा है। उसने बस मेरी तरफ देखा।

कोई कुश्ती नहीं, कोई लड़ाई नहीं, कोई चिल्लाहट नहीं, कोई आग की तरह नहीं और क्या, बस मुझे उस प्रकाश के स्तंभ में और सब कुछ देखा। लेकिन तुम निहत्थे थे। निहत्थे।

तुम फर्श पर गिर गए। मैं खड़ा हूँ। ओह, तुम खड़े हो, ठीक है।

मैं खड़ा हूँ। तो, मैं, लेकिन मेरी आँखें बंद हैं क्योंकि अब, पहली बार, मैं राक्षस रहित हूँ। कोई राक्षस नहीं, कोई आत्मा नहीं मुझ पर।

मैं इंसान की तरह हूँ। इसलिए, मैं अपनी आँखें खोलकर उसे देखता हूँ और कहता हूँ, यह किस तरह का इंसान है? अब, जब मैं अपनी आँखें दूसरी बार खोलता हूँ, तो खंभा वहाँ नहीं होता।

वह आदमी वहाँ नहीं है। लड़की वहाँ खड़ी है। तुम समझ रहे हो मैं क्या कहना चाह रहा हूँ?

तो, और अब, मुझे पता है कि मैं निहत्था हूँ। मैं अपने जीवन में पहली बार डर में हूँ क्योंकि मेरे पास कोई आत्मा नहीं है। मैं उसकी ओर देखता हूँ और फिर प्रभु उससे कहते हैं, उसके पास जाओ।

वह मेरी ओर चलने लगी और उसका हर कदम भूकंप की तरह था। मैं ज़मीन को महसूस कर सकता था। जैसे प्रभु मुझे यह बता रहे हों कि आत्मा में वह कौन है।

वह एक विशालकाय है। इसलिए, वह आगे बढ़ रही है और ज़मीन हिल रही है। नींव हिल रही है।

फिर वह मेरे पास आती है और मैं भाग नहीं सकता क्योंकि मुझे अब गिरफ्तार कर लिया गया है। मुझे गिरफ्तार कर लिया गया है।

मैं भाग नहीं सकता, मेरे पैर बंधे हुए हैं। मैं भाग नहीं सकता और मैं डर में हूँ। मुझे नहीं पता कि वह मेरे साथ क्या करने जा रही है।

तो, वह मेरी तरफ देखती है और फिर मुझे गले लगाती है। यह मेरी जिंदगी का पहला आलिंगन था। क्या?

24 साल की उम्र में मुझे कभी गले नहीं लगाया गया था। इसलिए, उसने मुझे गले लगाया और कहा, जेम्स, यीशु तुमसे प्यार करता है।

और आप नहीं जानते कि उस शब्द ने मुझ पर क्या असर डाला। मुझे लगा जैसे मेरी सारी क्षमताएँ विकसित हो रही हैं। जीवन में पहली बार, मैं रोया।

वह पहली बार था जब मैं रोया था। पहली बार आप 24 साल की उम्र में रोए थे? मैं 24 साल की उम्र में रोया था।

तो, वह मुझे गले लगाती है और मैं रोने लगता हूँ और वह भी रोने लगती है। लेकिन यह रोना एक बच्चे और एक माँ के बच्चे को वापस पाने जैसा है। तो, वह मुझे कसकर पकड़ती है और मैं एक बच्चे की तरह रोता हूँ और वह भी रोती है।

मुझे नहीं पता कि क्या हो रहा है लेकिन रोने के दौरान, प्यार होता है। मेरी सारी भावनाएँ फिर से जाग उठती हैं। ऐसा लगता है जैसे मैं पहली बार इंसान बन रहा हूँ।

तो, वह मुझे गले लगा रही है और फिर कुछ मिनटों तक रोने-धोने के बाद, तब तक कुछ अन्य छात्र हमारे चारों ओर इकट्ठा हो गए और वे सोच रहे थे कि क्या हो रहा है। और वे कह रहे हैं, यह एक चुड़ैल है, हम उसे जानते हैं। यह एक आस्तिक, ईसाई है।

और वे गले मिल रहे हैं और रो रहे हैं। तो, वे सोच रहे हैं कि कौन किसको पकड़ रहा है। कौन किसका धर्म परिवर्तन कर रहा है।

कौन किसका धर्म परिवर्तन कर रहा है। और इसलिए, वे मेरे चारों ओर घेरा बना रहे हैं। ओह माय वर्ड।

तो, रोने के बाद, फिर वह कहती है, जेम्स, तुम्हें क्या चाहिए? फिर मुझे याद आया कि मैंने उससे कहा था, मुझे यीशु की ज़रूरत है। फिर वह मुझसे कहती है, उससे बात करो।

उसे बताओ। तो, मैंने कहा, यीशु, मैं आपकी सेवा करना चाहता हूँ। मुझे नहीं पता कि मैंने ऐसा क्यों कहा।

मैं आपकी सेवा करना चाहता हूँ। इसलिए, उसने मुझे स्वीकारोक्ति की प्रार्थना में ले जाया और यह 5 सितंबर को सुबह 7.45 बजे था। 3 सितंबर।

1975. सुबह 7.45 बजे मुझे समय याद नहीं आ रहा है। मैं उस समय और उस पल को नहीं भूल सकता क्योंकि अब 24 साल से ज़्यादा हो गए हैं लेकिन ऐसा लगता है जैसे यह कल ही हुआ हो।

मृतकों में से वापस आने का वह अनुभव बहुत वास्तविक था। अब, मैं जो कहना चाहता हूँ, शैतान ने मेरा इस्तेमाल किया और मुझे नष्ट करना चाहता था। मैं यीशु से लड़ रहा था लेकिन वह मुझे बचाना चाहता था।

उस प्यार को देखो कि जब मैं उसका दुश्मन था, तब भी उसने मुझे एक मौका दिया। जब मैं उसका दुश्मन था, तब भी उसने मुझसे प्यार किया। मैं मौत का हकदार था।

यहाँ तक कि जिस शैतान की मैं सेवा कर रहा था, उसके लिए भी मैं मौत का हकदार था। लेकिन यीशु ने मुझसे इतना प्यार किया कि उसने कहा, मैं तुम्हें एक मौका दे सकता हूँ।

[जेम्स अलादिरन]
मैं चाहता हूँ कि हम दो बातों पर बात करें क्योंकि मैं चाहता हूँ कि हम जितना संभव हो सके उतना कैप्चर करें। हमें इस लड़की के बारे में बताइए क्योंकि वह एक अनोखी व्यक्ति थी और उसने आपको आत्मा में प्रशिक्षित करना शुरू किया और जाहिर तौर पर आपने कहा कि भगवान ने उसे कई अन्य लोगों को कैप्चर करने के लिए इस्तेमाल किया और कुछ चीजें जो आप कह रहे थे कि आप 12 घंटे प्रार्थना करते थे और क्या यह भगवान के सामने आमने-सामने था? खैर, आगे बढ़ने से पहले हमें इस महिला के बारे में संक्षेप में बताएं।

[जेम्स कवाल्या]
तो उस दिन, मुझे उस दिन पर वापस जाना चाहिए जब मैंने अपना जीवन यीशु मसीह को समर्पित कर दिया था। उस दिन वह मुझे वहाँ ले

गई जहाँ मैं रह रहा था और कुछ दोस्त, वे वापस आए, मेरे लिए प्रार्थना की और मैं सो गया। मैं 48 घंटे तक सोया।

[जेम्स अलादिरन]
क्या आप 48 घंटे सोये? सोये। क्योंकि आपने शायद अपने पूरे जीवन में कभी भी इस तरह से नहीं सोया होगा।

[जेम्स कवाल्या]
मैं बचपन से ही रात में एक घंटा भी नहीं सो पाया। मैं जीवन भर सिर्फ़ एक घंटा ही सो पाया क्योंकि मैं हमेशा दर्द में रहता था। इसलिए मैं रात में सिर्फ़ एक घंटा ही सो पाया।

अब उस दिन, जब वे मुझे वापस मेरे कमरे में ले गए और वहां बैठकर प्रार्थना कर रहे थे, तब मैं 48 घंटे की गहरी नींद में चला गया।

[जेम्स अलादिरन]
तो जब आप सो रहे थे तो वे प्रार्थना कर रहे थे लेकिन जरूरी नहीं कि पूरे 48 घंटे तक, नहीं, नहीं, नहीं, वे मेरे ऊपर नजर रख रहे थे क्योंकि मैं गहरी नींद में था।

सभी बैंक खाते, कंपनियां बंद

[जेम्स कवाल्या]
मुझे नहीं पता कि उस नींद के दौरान क्या हुआ। इसलिए जब मैं उठा और मैं उठा तो मैंने शुरू किया कि वे मेरे लिए प्रार्थना कर रहे हैं और यह सब। उसी सप्ताह मेरी सभी कंपनियाँ बंद हो गईं।

मेरे पास कंपनियाँ थीं। मेरे पास दो घर थे, उनमें आग लग गई।

[जेम्स अलादिरन]
ओह, आपका मतलब है कि आपकी सारी कंपनियाँ बंद हो गईं, जैसे कि आपके बिना कुछ किए ही उन्होंने सरकार को बंद कर दिया? सरकार को इसलिए क्योंकि वे स्पष्ट रूप से इन सभी जादूगरों और उन सभी के साथ मिली हुई थीं।

[जेम्स कवाल्या]
मेरे घर में आग लग गई, कंपनियाँ बंद हो गईं और फिर तीन, चार, एक महीने के बाद मुझे गिरफ़्तार कर लिया गया और जेल ले जाया गया क्योंकि वे मनी लॉन्ड्रिंग के लिए चार्ज कर रहे थे। लेकिन जब मैं वहाँ था, तो ये सभी एजेंट, सरकार और अन्य लोग मेरे पास आए और कहा कि तुम हमें नहीं छोड़ सकते, तुम नहीं जा सकते, तुम जा रहे हो, हम देखेंगे कि वे कैसे हैं, इसलिए उन्होंने मुझे यीशु के साथ अपनी निष्ठा त्यागने के लिए प्रताड़ित करना शुरू कर दिया और फिर अपने काम पर वापस चले गए। और इसलिए मैं जेल में हूँ, मैंने जेल में छह महीने बिताए, जिसे वे सुरक्षित घर कहते हैं, अदालत में नहीं ले जाया गया, लेकिन छह महीने तक बिना रोशनी वाले कमरे में रहा, मैं वहाँ था और वे मुझे प्रताड़ित कर रहे थे, वे मुझे पीट रहे थे, वे इस तरह की सभी चीजें कर रहे थे कि मैं इसे त्याग दूँ और वापस आ जाऊँ, लेकिन मैं नहीं कर सका।

और अचानक उस लड़की को भगवान ने बताया कि मैं कहाँ हूँ, इसलिए वे प्रार्थना और उपवास में शामिल हो गए, जब सरकार में व्यवस्था में बदलाव हुआ और उन्हें एक नया सेना कमांडर मिला जो पुलिस का नेतृत्व कर रहा था और उसने कहा कि उन्होंने सभी सुरक्षित घरों को बंद कर दिया है जहाँ वे कैदियों को रखते हैं लेकिन अब उन्होंने मुझे उस घर में अकेले उस कोठरी में छोड़ दिया। तो यह लड़की आती है और भगवान उसे दिखाते हैं कि मैं कहाँ हूँ, वे मुझे ले जाते हैं, मैं छह महीने से

कुपोषित था और लगभग मर रहा था, मुझे उस कोठरी से बाहर निकालो, मुझे उसके घर ले जाओ और मुझे उस तरह की शिष्यता सिखाना शुरू करो

[जेम्स अलादिरन]
तो यह वह हिस्सा है जिसके बारे में मैंने आपको बात करते हुए सुना है, इस प्रकार के बारे में हमें बताएं तो एक बात जो उसने मुझे बताई या उन्होंने मुझे बताया वह यह था कि

[जेम्स कवाल्या]
जब तक आप बाइबल नहीं पढ़ते हैं, इसलिए मुझे याद है कि मैं दिन से शाम तक बाइबल पढ़ सकता था, हर दिन बाइबल पढ़ना, इसलिए उन्होंने मुझे बाइबल के बारे में बताया, उनमें से तीन मुझे बाइबल सिखाने के लिए थे, एक यह देखने के लिए था कि मैं क्या खाता हूँ, दूसरा यह देखने के लिए था कि मुझे क्या प्रशिक्षित करता है, इसलिए चार

[जेम्स अलादिरन]
शागिर्दी

[जेम्स कवाल्या]
यह वही है जिसने मुझे मसीह के पास पहुंचाया, उसका काम मुझे प्रार्थना सिखाना था ताकि मैं प्रार्थना की तरह शिष्य बन सकूं , हमारे पास एक कमरा हुआ करता था जहां मैं प्रार्थना करने के लिए मिल सकता था और 12 घंटे प्रार्थना कर सकता था और उसने ऐसा कितनी बार किया? हर सप्ताहांत हर सप्ताहांत वह 12 घंटे की प्रार्थना करती थी लेकिन फिर अन्य दिन होते थे क्योंकि मैं आपको पहले बुलाता था

अब इस तरह की प्रार्थना वह प्रार्थना नहीं थी जो हम चर्च में करते हैं उदाहरण के लिए आपको 12 घंटे प्रार्थना करने के लिए कहा जाता है जैसे कि क्या? भगवान के सामने आपके चेहरे पर? क्या यह आराधना है? क्या यह अन्यभाषा में प्रार्थना करना है? अन्यभाषा में प्रार्थना करना आराधना है और वह हमें 12 घंटे तक पानी भी नहीं पीने देती थी, लेकिन वह पानी के एक डिब्बे के साथ आ सकती थी और आपके पास आकर आपको आधा कप पानी पिला सकती थी, फिर प्रार्थना कर सकती थी कि क्या इस समय तक आप पवित्र आत्मा से भर चुके थे या नहीं?

मैं पवित्र आत्मा से नहीं भरा गया हूँ वास्तव में मुझे लगा कि मैं बाद में भर गया था और मैं अकेला था जब मैंने प्राप्त किया था आप 12 घंटे तक कैसे प्रार्थना कर रहे थे?

[जेम्स अलादिरन]
तुम क्या प्रार्थना कर रहे थे?

[जेम्स कवाल्या]
सुनिए मैं आपसे क्या कहने जा रहा हूँ, उस फेलोशिप में यह लड़की जब हमें उस दर्शन के लिए बुला सकती थी जैसे वह हमें प्रार्थना करने के लिए कह सकती थी और फिर कह सकती थी कि हम एक निश्चित व्यक्ति के लिए प्रार्थना कर रहे हैं जो कि गुप्तविद्या में है, तब वह हमें प्रार्थना करते हुए छोड़ सकती थी, तब भगवान उसे उस व्यक्ति के पास भेजते, तब वह उस व्यक्ति के साथ आती, वाह और वे लोग कभी-कभी आते, वे उन्हें ढूंढते और कहते गुरुदेव आप यहाँ क्या कर रहे हैं और मैं उन्हें बताता कि जो चीज आपको यहाँ तक लाई है वही मुझे भी लाई है, इसलिए उसका कार्य गुप्तविद्या में बिंदु के लिए घंटों तक मध्यस्थता करना था और मैंने हममें से लगभग वही देखा जिसे उसने पकड़ लिया और फेलोशिप में ले आई

[जेम्स अलादिरन]
अब जब तक वह पहली बार भगवान ने आप तक पहुंचने के लिए उसका उपयोग किया, उस समय वह पहले से ही ऐसा कर रही थी, मैं पहला था, आप पहले थे, ठीक है और उस समय से भगवान मैं उसे प्रशिक्षित कर रहा था कि मेरे जैसे लोगों से कैसे निपटना है

[जेम्स कवाल्या]
क्योंकि देश में ऐसे बहुत से लोग थे, इसलिए जैसे भगवान उसे लंबे समय तक भगवान के सामने रहने के लिए प्रार्थना करने या आत्मा में संलग्न होने जैसी प्रार्थना करने के लिए प्रशिक्षित कर रहे थे, ताकि वह घंटों और दिनों तक इसमें संलग्न रह सके और उसके बाद भगवान उससे कहते हैं कि मैं उसके लिए जाऊंगा, जैसे अब मेरे लिए तुमने किया था, ताकि वह जाकर उस व्यक्ति को खोज सके, उसका मंत्री बन सके, उसे संगति में ला सके और इस तरह हमने समारोह को महसूस किया, हम 30 साल के थे और 20 के जैसे मैं कहना चाहता हूं कि हम में से 23 अब मंत्री हैं, जिन्हें वह लेकर आई थीं और आप अभी भी उनमें से कुछ से जुड़े हुए हैं

[जेम्स अलादिरन]
हाँ

[जेम्स कवाल्या]
उनमें से 23 चर्चों में हम मंत्री हैं, न कि केवल पादरी, जिन्हें उसने एक व्यक्ति के रूप में पाला था, उन्हें पकड़ कर प्रार्थना में प्रशिक्षित किया था, हम उनसे बड़े हैं, वह सबसे छोटी थीं

[जेम्स अलादिरन]

क्योंकि मिया जब 19 साल की थी तब वह 24 साल की थी, मुझे याद है कि मैंने आपसे पूछा था कि वह अभी कहां है और आपने कहा था कि वह प्रभु के पास रहने वाली है, हां वह प्रभु के पास रहने वाली है।

[जेम्स कवाल्या]
वाह, अपने कार्य के बाद वह युवावस्था में ही मर गई, वह युवावस्था में ही मर गई, वह मर गई, आप जानते हैं और प्रभु ने उसे तैयार रहने के लिए कहा और उसने हमें बताया कि मैं जा रही हूँ, मैंने अपना कार्य पूरा कर लिया और मुझे लगा कि वह एक मजाक है, लेकिन फिर वह बीमार नहीं हुई, वह प्रार्थना करने चली गई, सो गई और अगले दिन वह अपने कार्य के बाद घर पर थी, क्योंकि प्रभु ने उससे कहा था कि तुमने इन पुरुषों को खड़ा किया है, हम सभी ऐसे पुरुष हैं जो गहरे गुप्त तंत्र से हैं, वे मेरा कार्य करने जा रहे हैं, तुमने अपना कार्य पूरा कर लिया है

[जेम्स अलादिरन]
बहुत खूब

[जेम्स कवाल्या]
और वह उसके साथ रहने चली गई, उसने प्रार्थना की, सो गई और बस यही था, वाह, लेकिन हम सभी जो वह लेकर आई थी

[जेम्स अलादिरन]
हम सब प्रभु में खड़े हैं, क्या गवाही है, क्या गवाही है, ठीक है

[जेम्स कवाल्या]
जैसे मेरा मंत्रालय और अन्य 23 अन्य जिन्हें मैं दूसरों को जानता हूं लेकिन 23 पादरी वे प्रभु का कार्य कर रहे हैं और वे सभी उसी गवाही की गवाही दे रहे हैं जो मेरे पास है कि उन्हें उसके द्वारा पकड़ लिया गया और उठाया गया और आप जानते हैं कि यह 3 साल की तरह था, यह

अविश्वसनीय है क्योंकि 3 साल में वह मेरे धर्म परिवर्तन के 3 साल बाद प्रभु के पास चली गई और उसने यह सब 3 साल में किया

[जेम्स अलादिरन]
और वह 19 वर्ष की थी जब भगवान ने उसका उपयोग किया, इसका मतलब है कि वह 22 वर्ष की थी जब वह भगवान के पास गई, हाँ और आप जानते हैं कि उसे अपने कार्य और इस सारे काम को पूरा करने के लिए किस तरह का इनाम मिला है

[जेम्स कवाल्या]
कर रहे हैं

[जेम्स अलादिरन]
उसकी वजह से मैं यहाँ नहीं होता अगर वह नहीं होती तो क्या आप हमें उसका नाम बता सकते हैं? या नहीं अगर आपको अनुमति नहीं है तो यह ठीक है क्योंकि मैं बस हूँ मैंने यह लिखा है

[जेम्स कवाल्या]
मेरी पुस्तक में उसका नाम 19 बताया गया है, हाँ वह पुस्तक में है और बहुत से लोग उसे जानते थे, लेकिन वह एक पादरी नहीं थी, वह सिर्फ एक मध्यस्थ थी और उसने हम में से 3 लोगों के लिए जो किया, उससे कहीं अधिक उसने हमें बड़ा किया, उसने हमें मध्यस्थता करना, संघर्ष करना सिखाया, मेरा मतलब है

[जेम्स अलादिरन]
मैं आज जो कुछ भी हूँ, मेरा मानना है कि वह नींव है, हाँ नींव है, हाँ बिल्कुल घंटों की प्रार्थना है

[जेम्स कवाल्या]

प्रभु पर घंटों प्रतीक्षा करने के बाद मैंने उसकी आज्ञाकारिता देखी, मैंने उसकी ईमानदारी देखी, मैंने देखा कि कैसे वह हमेशा हमें पवित्रता के बारे में बता सकती थी, परमेश्वर के साथ सही तरीके से चल सकती थी, बाइबल पढ़ सकती थी और यह 3 साल था, 3 साल के बाद वह प्रभु के पास चली गई।

[जेम्स अलादिरन]

मैं इस बात से बहुत ही आश्चर्यचकित हूँ, मेरा मतलब है कि मुझे आशा है कि आप में से जो लोग देख रहे हैं वे ईश्वर में वास्तविकता को देखने के लिए प्रेरित और उत्साहित हैं, आत्मिक क्षेत्र की वास्तविकता आपको प्रभावित कर रही है, आप जानते हैं कि प्रार्थना की शक्ति के बारे में हम जो सुनते हैं वह कितना वास्तविक है दोस्तों, यह ऐसी चीज है जिस पर हमें गहराई से जाने की जरूरत है, अब दो चीजें हैं जिन पर मैं बात करना चाहता हूँ और आपके बचाए जाने के बाद, ऐसा समय था जब आप बहुत ही चुनौतीपूर्ण समय से गुजरे थे, आपको कैंसर हो गया था और आप मरने वाले थे, क्या आप हमें उस समय के बारे में बता सकते हैं, तो जब यह लड़की मर गई, तब वह प्रभु के पास गई थी

युवा महिला को ले जाया गया

[जेम्स कवाल्या]

वह महिला जिसने हमें मसीह के पास पहुंचाया एक दिन उसने प्रार्थना की उसने कहा कि प्रभु ये लोग मुझ पर निर्भर हैं और यदि मैं उनके होने वाले कार्यों में बाधा उत्पन्न कर रही हूं तो कृपया मुझे ले जाइए मैंने वह प्रार्थना की इसमें अधिक समय नहीं लगा जब प्रभु ने कहा मैं तुम्हें ले जा रहा हूं अब हम किसी तरह उस पर निर्भर थे वह हमें प्रशिक्षित कर रही थी लेकिन हमने उस पर निर्भर रहना सीख लिया था आप जानते हैं कि

जब वह प्रभु के पास चली गई तो मैं दूसरों को नहीं जानता लेकिन मुझे लगता है कि मैंने कुछ खो दिया है संवेदनशीलता और आवरण इसलिए मैंने पाया कि वहां एक लड़की थी एक युवा महिला मैंने उसे पाया और हमने डेटिंग शुरू कर दी इसलिए जब वह नहीं थी तो दूसरा चला गया लेकिन फिर यह एक नई और ईसाई थी इसलिए हमने डेटिंग शुरू कर दी अब हमने डेटिंग की और फिर हमने स्वीकार कर लिया हम शादी करने के लिए सहमत हो गए इसलिए मेरे पास पैसे नहीं थे क्योंकि उस समय मेरे पास नौकरी नहीं थी इसलिए उसने पैसे जुटाए उसने मुझे अपने माता-पिता से दिए और अपनी दुल्हन की कीमत चुकाने के लिए उसी रात सपने में मुझे एक सपना आया कि एक बूढ़ी औरत मेरे सामने खड़ी थी और कह रही थी कि मेरे पति क्या आप जा रहे हैं, आपको सपना याद है और इसलिए जब मैं सपने से बाहर आई तो मैंने कहा कि मैं प्रार्थना में भी नहीं गई थी, मैं बस यीशु के खून की तरह उस दिन ऐसा लग रहा था

[जेम्स अलादिरन]
उसे सिर में दर्द हुआ और शाम को उसकी मौत हो गई वाह तो यह वह व्यक्ति है जिससे आपकी शादी होने वाली थी हां लेकिन अब पहले

जेम्स कवाल्या - मैं बीमार पड़ गया, अंधापन, कैंसर और पक्षाघात

[जेम्स कवाल्या]
जब मैंने दोबारा एक युवा पुरुष के रूप में जन्म लिया, उससे पहले मैं जिन लड़कियों के साथ संबंध रखता था, वे सभी मर गईं, जिनमें एक लड़की भी शामिल थी, जिसके साथ मैं संबंध रखता था और मुझे उससे दो बच्चे हुए, मेरा एक बेटा और एक बेटी भी है, वह मर गई, इसलिए जो भी मेरे करीब आ सकता था, मेरे करीब आ सकता था, मेरे करीब

आ सकता था, मेरे करीब आ सकता था, मेरे करीब आ सकता था, मेरे करीब आ सकता था, मेरे करीब आ सकता था, मेरे करीब आ सकता था, मेरे करीब आ सकता था, मेरे करीब आ सकता था, मेरे करीब आ सकता था, मेरे करीब आ सकता था, मेरे करीब आ सकता था, नहीं, यह नहीं हो सकता। यहां तक कि डॉक्टर भी कहते हैं, लेकिन यह कैसे हुआ, जैसे, अब मुझे कैंसर हो गया। इसलिए मैं अस्पताल में हूं और वे कीमोथेरेपी से गुजरते हैं, पहला दौर,

डॉक्टर कहते हैं कि कोई गलती हुई है, कोई त्रुटि हुई है, और फिर सब कुछ गड़बड़ हो गया है। और वे कहते हैं, मैं अपनी पूरी ज़िंदगी कभी नहीं देख पाऊँगा।

[जेम्स अलादिरन]
और फिर वे जाने की कोशिश कर रहे थे। समयरेखा का अंदाजा देने के लिए, यह उस धर्मांतरण अनुभव के कितने साल बाद है? यानी चार साल।

तो अब यह 28 के बराबर है, क्योंकि इससे लगभग 24 की बचत हुई। नहीं, यह 27 है। आप 27 वर्ष के हैं।

[जेम्स कवाल्या]
लगभग 27 और आठ साल की उम्र में, क्योंकि मुझे याद है कि मेरे धर्म परिवर्तन को साढ़े तीन साल हो चुके थे। इसलिए मैं बीमार हूँ, मैंने अपनी दृष्टि खो दी है। उन्होंने कहा कि मैं अपनी आँखों की कीमो की वजह से कभी नहीं देख पाऊँगा।

आप जानते हैं, जब आपको ल्यूकेमिया होता है, तो वे कहते हैं कि सफ़ेद रक्त कोशिकाएँ मेरी रीढ़ की हड्डी के ऊपर होती हैं। इसलिए वे आपके पूरे सिस्टम को खा जाती हैं। फिर मैं लकवाग्रस्त हो गया।

फिर वे कहते हैं, मैं फिर कभी नहीं चल पाऊँगा क्योंकि जब वे मेरी रीढ़ से कुछ तरल पदार्थ निकालने की कोशिश कर रहे थे, तो उन्होंने मेरी रीढ़ को नुकसान पहुँचाया था। उन्होंने कई बार ऐसा किया। अब, जब डॉक्टरों को एहसास हुआ कि मैं बच नहीं पाऊँगा, तो उन्होंने मेरे शरीर पर शोध, सभी प्रकार की दवाएँ, सभी प्रकार की कोशिशें कीं, क्योंकि वे जानते थे कि वे बच नहीं पाएँगे।

इसलिए वे जो भी आजमाना चाहते थे, वे मेरे शरीर पर आजमा सकते थे। उन्हें पता था कि मैं इससे उबर नहीं पाऊँगा। इसलिए मैं इस अस्पताल में हूँ और मैं अंधा हूँ।

फिर मैं लकवाग्रस्त हो गया। तो मेरा पूरा शरीर घावों, बिस्तर के घावों से भरा हुआ है, मेरे नाखून बाहर निकल आए हैं। मेरे बाल ऐसे हैं, जैसे मैं एक ज़ॉम्बी हूँ।

लेकिन उस दौरान, मुझे पढ़ाने वाली टीम में शामिल एक युवती को भगवान ने अस्पताल आने और मेरे लिए प्रार्थना न करने, बल्कि मुझे बाइबल पढ़ने के लिए कहा। इसलिए वह आई और भगवान ने उसे हर दिन 25 अध्याय पढ़ने के लिए कहा। हर दिन कितने समय के लिए?

अब, पूरे साल मैं अस्पताल में था क्योंकि मैं पूरे साल अस्पताल में था और वह कभी नहीं चूकी। लेकिन मैं आपको एक बात बता दूं। उसे मेरे कमरे में आने की अनुमति नहीं थी क्योंकि, कहीं वह संक्रमण न ले आए या कुछ और।

ओह, लेकिन क्योंकि उन्होंने कहा था, हर बार जब कोई कमरे में आता था, तो कंपन मेरे शरीर को सदमे में डाल सकती थी। इसलिए वह केवल कमरे के बाहर खड़ी होकर पढ़ सकती थी। लेकिन जब तक वह बाइबल नहीं पढ़ती, तब तक मैं पूरे दिन दर्द में रह सकता था।

मैं मॉर्फिन और सभी तरह की दर्द निवारक दवाइयों पर था, लेकिन कुछ भी दर्द को कम नहीं कर पा रहा था। लेकिन एकमात्र समय जब मुझे दर्द नहीं हुआ, वह तब था जब उसने पढ़ना शुरू किया।

[जेम्स अलादिरन]
और जैसे ही वह खत्म होती है, दर्द वापस आ जाता है। और क्या यह था, क्या आप लोगों से बात करने में सक्षम थे? नहीं, मैं नहीं कर सका।

तो तुम अंधे थे? तुम चल नहीं सकते थे और बोल नहीं सकते थे। लेकिन मैं सुन सकता था।

इसलिए वह आ सकी और हर दिन वह अस्पताल आती थी, 25 अध्याय पढ़ती थी।

[जेम्स कवाल्या]
यह कुछ घंटे हैं। यहीं से मैंने यह काम शुरू किया जो मैं हर दिन करता हूँ, बाइबल के 25 अध्याय पढ़ना।

प्रतिदिन बाइबल के 25 अध्याय पढ़ना

[जेम्स अलादिरन]
तो आप अभी 25 अध्याय पढ़िए। क्योंकि मैंने उसी क्षण से इसे पढ़ना शुरू किया था।

[जेम्स कवाल्या]
ऐसा लगता है जैसे भगवान ने उसे बताया था, ताकि वह आकर पढ़ सके और पढ़ सके। फिर, जिस दिन भगवान ने उसे रुकने के लिए कहा, उस दिन, अस्पताल ने मेरी माँ को बुलाया और कहा, हम कुछ नहीं कर सकते। आप यहाँ नहीं रह सकतीं क्योंकि यह महंगा है।

इसलिए क्योंकि मैं जीवन रक्षक प्रणाली पर था, मैं सांस नहीं ले पा रहा था। मेरे फेफड़े, सब कुछ खराब हो गया था। मेरे मस्तिष्क में कई ट्यूमर थे।

तो उन्होंने कहा, यह आदमी, यह लड़का चिकित्सकीय रूप से मृत है। इसलिए इसे घर ले जाओ और तैयार हो जाओ। क्योंकि जैसे ही उन्हें पता चला, अगर वे मुझे जीवन रक्षक प्रणाली से हटा सकते हैं, तो मैं दो घंटे के लिए भी सांस नहीं ले पाऊंगा।

तो मेरी माँ, मुझे याद है कि उसने मुझे नंगा ही उठाया था क्योंकि डॉक्टर और मैं मुझे संभाल नहीं पा रहे थे। मैं पूरी तरह से सड़ चुकी थी, शरीर का हर हिस्सा सड़ चुका था और सिर्फ़ त्वचा और हड्डियाँ और बदबू आ रही थी। और वह, कोई भी उसकी मदद नहीं कर सकता था।

इसलिए उसने मुझे उठाया, कार में बिठाया, घर ले गई, यह जानते हुए कि जब तक वह घर पहुंचेगी, मैं मर चुका होऊंगा। इसलिए हम घर पहुंचे, मैं मर नहीं रहा था। इसलिए उन्होंने अंतिम संस्कार की व्यवस्था शुरू कर दी।

जैसे कि उसे पैसे मिल गए, अंतिम संस्कार के लिए पैसे दे दिए। लोग यह सब करते और कहते, हम बस एक पल का इंतज़ार कर रहे हैं क्योंकि वह मरने वाला है। क्यों?

मेरे मस्तिष्क में ट्यूमर था। मेरे फेफड़े खराब हो गए थे, मैं अंधा हो गया था, लकवाग्रस्त हो गया था। कोई भी व्यक्ति जीवित नहीं रह सकता था।

तो कई दिनों तक वह मेरे मरने का इंतज़ार करती रही, मैं नहीं मर रहा। फिर वह प्रार्थना करने लगी, अपनी खुद की प्रार्थना कि मैं मर जाऊँ।

क्योंकि वह कह रही थी कि वह बहुत दर्द में है और उसके ठीक होने की कोई उम्मीद नहीं है।

तो उसे मरने दो। और कई दिनों के बाद, वह थक जाती है क्योंकि वह अस्पताल में रही है। इसलिए वह मुझे कमरे में छोड़कर अपने कमरे में वापस जाकर सो जाती है।

तो मैं वहीं हूँ, मैं अंधा हूँ, मैं लकवाग्रस्त हूँ, मैं खुद को घुमा भी नहीं सकता। और फिर अचानक, एक साल बाद, मेरी आँखें खुल गईं।

[जेम्स अलादिरन]
कितने समय बाद?

[जेम्स कवाल्या]
घर पर ही अचानक। और जब उन्होंने दरवाजा खोला, तो जीसस वहाँ खड़े थे। इसलिए वह वहाँ आए जहाँ मैं सो रहा था, सपना नहीं देख रहा था।

वह बैठ गया और मुझसे कहा, मैंने तुम्हें ठीक कर दिया है। और मैं बोल नहीं पाया। फिर अचानक मेरा मुंह खुल गया और मैंने उससे पूछा, किससे?

मुझे नहीं पता कि मैंने क्यों पूछा। फिर उसने कहा, सुनो उसने क्या कहा, तुम्हारे वंश के विद्रोह से। फिर उसने मुझसे कहा, जाओ मेरे लोगों को ठीक करो।

वह चला गया। मैं उठकर अपनी माँ के कमरे में चला गया।

मैंने उसे फ़ोन किया, उसे यकीन नहीं हुआ। उसे लगा, अब यह किसी के मरने का संकेत है। इसलिए उसने लोगों को फ़ोन करना शुरू कर दिया, कृपया मेरा इंतज़ाम कर दीजिए।

मैंने कहा, नहीं, यीशु यहाँ आए थे। यीशु यहाँ आए थे। और वह विश्वास नहीं कर सकी।

मैं चल-फिर सकता था, देख सकता था और अब तक मैं कैंसर-मुक्त हूं।

[जेम्स अलादिरन]
यह सब बहुत ही शानदार रहा है। यह ताज़गी देने वाला, उत्साहवर्धक और चुनौतीपूर्ण रहा है। इस समय मेरे दिल में बहुत सी बातें चल रही हैं।

एक तो यह कि मैं यह सुनने के बाद घर जाकर प्रार्थना करना चाहता हूँ। तो यह एक अच्छा संकेत है। जब आप इन नियमों को सुनते हैं और आप परमेश्वर को और अधिक देखने के लिए उत्साहित होते हैं, तो यह एक अच्छा संकेत है।

तो मैं वापस वही बात कहना चाहता हूँ जो आपने हमें शुरू में बताई थी। आपने जो विवाह अनुबंध किया और उसने रिश्तों को कैसे प्रभावित करना शुरू किया। आपने उस पर थोड़ा सा स्पर्श किया।

लेकिन परमेश्वर ने आखिरकार आपको इससे कैसे बचाया, यह साझा करना बहुत महत्वपूर्ण है। क्योंकि जैसा कि मैंने पहले कहा, बहुत से ईसाई यह नहीं मानते कि उद्धार कुछ ऐसा है जिसकी ईसाइयों को ज़रूरत है। कि वे सभी, एक बच गया, यह ठीक है, सब कुछ हो गया।

पुराना बीत चुका है। हाँ, यह सच है, लेकिन अभी भी कुछ पवित्रता बाकी है। कुछ चीजें हैं जो परमेश्वर आत्मा के साथ करता है ताकि पूर्णता लाई जा सके।

तो क्या आप हमें बता सकते हैं कि ईश्वर ने आपको किस यात्रा पर ले जाया? तो मेरे ठीक होने के बाद, मैंने शुरुआत की।

[जेम्स कवाल्या]
मैं था, भगवान ने मुझे कैंसर से ठीक किया और मैंने मंत्रालय शुरू किया। आप जानते हैं, लोग आ रहे हैं, लोग ठीक हो रहे हैं, लोगों को सभी प्रकार के चमत्कार मिल रहे हैं। लेकिन मैंने अपने जीवन में एक पैटर्न देखा।

मैं अपने साथ हुए डर की वजह से किसी भी रिश्ते में नहीं आ सकी। और साथ ही मैं देख सकती थी कि मैंने आने वाली सभी तरह की चीजें देखी हैं, जैसे कि लड़कियां मर रही हैं। इसलिए शादी के मामले में मैंने हार मान ली।

दूसरा क्षेत्र जो मैं अपने जीवन में देख रहा था, हालाँकि मैं अब ईश्वर पर विश्वास कर रहा था, वहाँ लोगों को आशीर्वाद दिए जाने के बीच अत्यधिक गरीबी थी। लोग धन्य थे, वे चर्च में आ सकते थे। मैंने चर्च में मंत्रालय कहा था और आशीर्वाद दिया था, लेकिन नहीं, मैं देख सकता था कि वहाँ बहुत पीड़ा थी।

इसलिए मैं भगवान से पूछ रहा हूँ। दरअसल, मैं यह मानने लगा था कि गरीबी में भगवान की सेवा करने का यही तरीका है। और इसलिए मैंने कहा, मैं कभी शादी नहीं करूँगा।

फिर एक दिन मैं अपने छोटे से दफ़्तर में था और एक युवा महिला आई। उसका चेहरा विकृत था, विकृत जैसा। उस पर हमला हुआ था, वह अस्पताल गई थी और उन्होंने कहा, हमें कोई समस्या नहीं दिख रही है, लेकिन उसका चेहरा विकृत था।

जैसे मुंह एक तरफ है, आंखें एक तरफ हैं। आप नहीं जान सकते कि यह कोई इंसान है। इसलिए मैं इस विकृत चेहरे को देखता हूं।

और जब मैं कहता हूँ, क्या? और फिर मैं प्रभु की आवाज़ सुनता हूँ जो कहती है, वह तुम्हारी पत्नी है। वाह।

मैंने कहा, नहीं, ऐसा नहीं हो सकता। ऐसा नहीं हो सकता, मेरे साथ ऐसा कभी नहीं हुआ। तुम्हें पता है, तुम्हारे साथ भी ऐसा ही हुआ है, लेकिन तुम ऐसा नहीं कर पाते।

और मैंने कहा, भगवान, धरती पर सभी महिलाओं में से, इस एक का चेहरा विकृत है। तो वह वहाँ बैठती है और फिर मुझे बताती है कि कैसे वह जादू-टोने के प्रभाव में आ गई क्योंकि वह एक पादरी की बेटी थी, उस पर हमला किया गया। और इसलिए जब वह मुझसे बात कर रही थी, मेरे दिल और दिमाग में, मैंने कहा, मैं उसके लिए प्रार्थना नहीं करने जा रहा हूँ क्योंकि मुझे बार-बार आने की ज़रूरत भी नहीं है।

इसलिए मैं प्रार्थना नहीं करूँगा। मैं सिर्फ़ दिखावा करूँगा कि मैं प्रार्थना कर रहा हूँ। फिर वह चली जाती है, क्योंकि मैं नहीं चाहता कि उसे भी वही सब सहना पड़े जो मुझे सहना पड़ा।

इसलिए मैं एक सरल प्रार्थना करता हूँ, प्रभु। फिर जब मैंने अपनी आँखें खोलीं, तो उसका चेहरा पहले जैसा हो गया था। वाह।

आँखें, सब कुछ ठीक हो गया। वह चकित थी। और मैंने उसकी तरफ देखा, वह बहुत सुंदर लग रही थी।

मैंने कहा, हे प्रभु, मैं अपनी पत्नी के लिए आपका धन्यवाद करता हूँ। इसलिए मैंने उसे वह नहीं बताया जो परमेश्वर ने मुझसे कहा था। इसलिए वह चली गई।

एक दिन बाद, वह धन्यवाद देने के लिए वापस आई, उसने कहा, मैं भगवान को धन्यवाद देना चाहती हूँ कि उन्होंने मुझे ठीक कर दिया। और अब मेरे पास एक प्रार्थना अनुरोध है। मेरे पास मेरी मंगेतर है।

[जेम्स अलादिरन]
हे भगवान, उसकी तो शादी हो चुकी है।

[जेम्स कवाल्या]
अब, उस समय तक उसका मंगेतर यू.के. में रह रहा था। इसलिए मेरा मंगेतर यू.के. में है। लेकिन हर बार जब वह हमारी शादी और परिचय के लिए आना चाहता है, तो कुछ न कुछ उसे रोक देता है।

इसलिए मैं चाहता हूँ कि आप ईश्वर के आदमी से प्रार्थना करें कि वह आएँ। लेकिन ईश्वर ने मुझसे पहले ही बात कर ली थी। इसलिए मैंने कहा, अब मैं क्या कर सकता हूँ?

मैंने उससे कहा, ठीक है, हम प्रार्थना करेंगे। तो, लेकिन बाद में हमने प्रार्थना की, लेकिन बात नहीं बनी। और कुछ समय बाद मैंने अपनी बहन से कहा, तुम्हें पता है क्या?

भगवान ने मुझसे कहा कि तुम मेरी पत्नी बनने वाली हो। वह बोली, क्या? मैं नहीं कर सकती, मैं इसके बारे में सोच भी नहीं सकती।

लेकिन वह एक ऐसी महिला है जो भगवान से डरती है। इसलिए वह गई और प्रार्थना की। वह आई, मुझे अपनी शर्तें बताईं, सूट खरीदने को कहा, क्या करना है, सारी बातें बताईं।

मैं समय की कमी के कारण इस बारे में बात नहीं करूंगा। इसलिए हम उस रिश्ते में चले गए। और उस रिश्ते में छह महीने, हमेशा मेरे जीवन में, यह हमेशा छह महीने का चक्र था।

तो रिश्ते में छह महीने बाद, वह वापस आती है और कहती है, भगवान ने कहा है, मुझे लगता है कि तुम मेरे पति नहीं हो। मुझे नहीं पता कि उसने क्या देखा, उसे क्या महसूस हुआ, लेकिन मुझे बहुत बुरा लगा। मैंने उससे कहा, मैंने उससे कहा, मैं चर्च छोड़ रहा हूँ।

[जेम्स अलादिरन]
अभी मेरा चर्च छोड़ दो. मैं अभी अपना चर्च छोड़ देता हूँ.

उद्धार की आवश्यकता

[जेम्स कवाल्या]
तुम नहीं रह सकते, तुम मना नहीं कर सकते, तुम मुझे मना करो और फिर मेरे साथ रहो, फिर तुम। तो, लेकिन उसने कहा, लेकिन भगवान ने मुझे आसपास रहने के लिए कहा है। लेकिन इससे मुझे बहुत दुख हुआ।

और मैं पूछता रहा, क्या हो रहा है? फिर एक व्यक्ति मेरे पास आया और मुझसे कहा, मेरे पादरी, वहाँ एक डिलीवरी का सम्मेलन है। आप वहाँ क्यों नहीं जाते?

मुक्ति के लिए सम्मेलन। मुक्ति के लिए। जैसा कि मैंने कहा, मुझे इसकी ज़रूरत नहीं है, मैं भी भगवान का आदमी हूँ।

और मैं डिलीवरी भी करता हूँ। मुझे किसी दूसरे आदमी की सेवकाई में क्यों जाना चाहिए? लेकिन मैं परमेश्वर का धन्यवाद करता हूँ कि मेरे पास वह मन था, वह आत्मा जो मेरे अंदर थी, मैं प्रभु की आवाज़ का पालन कर सका।

तो उस दिन मैं प्रार्थना कर रहा था और प्रभु ने कहा, उस सम्मेलन में जाओ। तो मैं इस सम्मेलन में गया और परमेश्वर का आदमी सिखा रहा

था। पहले दिन जब मैं वहाँ गया, तो वह गर्भनाल की वाचा के बारे में सिखा रहा था।

और अब, मैंने क्यों कहा, मुझे लगता है कि यह जानता है कि मैं किस दौर से गुज़र रहा हूँ। जब मैं पैदा हुआ था, तब मेरी गर्भनाल को तंजानिया के बंदरगाह में ले जाया गया था। और मैं हर साल उस जगह पर एक अनुष्ठान करने के लिए वहाँ जाता रहा जहाँ वह थी।

तो मुझे इसके बारे में कुछ पता था, लेकिन फिर मुझे नहीं पता था कि उस वाचा से कैसे छुटकारा पाया जाए। तो यह आदमी इसके बारे में सिखाता है और उसने कहा, वह कहता है, पहले दिन इसके बारे में सिखाओ। और फिर वह कहता है, वैसे, मैं किसी के लिए प्रार्थना नहीं करने जा रहा हूँ।

मैं मुक्ति सिखाने जा रहा हूँ। मैं मुक्ति करने नहीं जा रहा हूँ।

[जेम्स अलादिरन]

इसलिए उन्होंने उद्धार की शिक्षा दी।

[जेम्स कवाल्या]

गैं चीज़ों के स्रोत, कारण के बारे में सिखाने जा रहा हूँ। इसलिए मैं सात दिनों तक पढ़ाने जा रहा हूँ और सातवें दिन मैं आपके लिए प्रार्थना करूँगा। इसलिए मैं सम्मेलन में हूँ और प्रभु मुझसे बात करते हैं और कहते हैं, सात दिनों तक तुम घर नहीं जाओगे।

आप चर्च वापस नहीं जा रहे हैं। आप वापस जा रहे हैं। आप प्रार्थना पर्वत पर जा रहे हैं।

तो सम्मेलन से, प्रार्थना पर्वत पर जाएँ, रात भर प्रार्थना करें। दिन में सम्मेलन में वापस आएँ। अब युगांडा के कंपाला में प्रार्थना पर्वत, यह एक झाड़ी की तरह है।

और मेरे पास कमरे का किराया देने के लिए पैसे नहीं थे। इसलिए मुझे जंगल में सोना पड़ा। आप जानते हैं, मेरी माँ पहले सात दिन जंगल में सोई थी।

तो मैं झाड़ियों में जाता हूँ, मैं प्रार्थना पर्वत पर जाता हूँ, प्रार्थना करता हूँ, मैं प्रार्थना करता हूँ, मैं प्रार्थना करता हूँ। फिर दिन के दौरान, मैं अध्ययन करने के लिए सम्मेलन में आता हूँ। फिर शाम को, मैं प्रार्थना पर्वत पर वापस जाता हूँ और सात दिनों तक प्रार्थना करता हूँ।

तो सातवें दिन, मैं तैयार हूँ। भगवान का आदमी हमारे लिए प्रार्थना करने जा रहा है और हमें रिहा कर देगा। फिर वह कहता है, वैसे, मैंने सब कुछ नहीं निपटाया है।

मैं अगले सात दिन और पढ़ाने जा रहा हूँ। और फिर मैंने कहा, मैं घर जा रहा हूँ। तब प्रभु ने कहा, नहीं, घर मत जाओ।

प्रार्थना पर्वत पर वापस जाएँ। अब वह प्रार्थना पर्वत, प्रेरित जॉन मालिंदी का प्रार्थना पर्वत। ओह, वह उनकी प्रार्थना थी।

क्या वह उद्धार करने वाला व्यक्ति था? नहीं, नहीं, यह कोई दूसरा पादरी था। दूसरा पादरी, इसे बिशप जोशुआ, जोशुआ राले कहते हैं।

इसलिए मैं सात रातों के लिए पहाड़ पर चला गया। अब मैंने कहा, ठीक है, दूसरी महिला, मेरी माँ, 14 रातों के लिए बुराई के जंगल में चली गई। अब प्रभु मुझे प्रार्थना में 14 रातों के लिए प्रभु के पहाड़ पर रहने के लिए मजबूर कर रहे हैं।

इस बार 14 रातों की वाचा और बलिदान को रद्द करने की प्रार्थना में वह जंगल में थी। तो 14वें दिन, वह आदमी, यह, आप जानते हैं, वहाँ लोग हैं, वह चिल्ला नहीं रहा है। वह किसी तरह का नहीं है, आग, मैं तोड़ता हूँ।

नहीं, नहीं, नहीं, नहीं। नहीं, वह पढ़ा रहा है, तुम्हें पता है? और मैं सोच रहा हूँ।

क्या यह जॉन मालिंदी की शैली की तरह है? बहुत ही शांत और शांत। वह सच सिखा रहे हैं।

और हर दिन, जैसे, चीजें गहरी होती जा रही हैं, लेकिन सच यह है कि ऐसा नहीं है कि चलो शैतान पर हमला करें। हाँ, हाँ, हाँ, हाँ, हाँ। तो मेरे दिल में, मैं कह रहा हूँ, आह, यह एक, कोई शक्ति नहीं है।

तुम्हें पता है, मैं उस तरह का घमंडी हूँ। इसलिए 14वें दिन, वह कहता है, ठीक है, मैं पढ़ाना समाप्त कर दूँगा। फिर वह कहता है, पिता, उन्हें छुड़ाओ।

इस तरह, यीशु के नाम पर उन्हें छुड़ाओ। सरल प्रार्थना करो। मैं पीछे बैठा था।

मुझे नहीं पता कि क्या हुआ। ईश्वर की शक्ति ने मुझे पीछे से खींचकर वेदी पर फेंक दिया। पीछे से, तुम्हें आगे की ओर फेंका गया।

सामने। और अब, यार, असल में पूरा चर्च मेरे लिए लगभग दो घंटे तक प्रार्थना कर रहा था। क्योंकि तुम प्रकट हो रहे थे।

मैं खुद को अभिव्यक्त कर रहा था। अब पादरी भी खुद को अभिव्यक्त कर रहा है। आप देख रहे हैं?

तो मैं राक्षसों को प्रकट कर रहा हूँ, और लोग, हर कोई, और इस तरह का, और यह 10 साल के बाद है।

[जेम्स अलादिरन]
तुम्हें बचाए जाने और छुड़ाए जाने के 10 वर्ष बीत चुके हैं, और जो स्त्री तुम्हें अनुशासित कर रही थी उसके द्वारा तुम्हें कुछ हद तक छुटकारा मिला है।

गर्भनाल को अलौकिक रूप से स्थानांतरित किया गया

[जेम्स कवाल्या]
हाँ, लेकिन अब यह एक गहरी बात है। मुझे एक अधिकारी द्वारा निपटाया जाएगा। क्योंकि अब यह आदमी देश में एक पिता की तरह है।

इसलिए वे मेरे लिए प्रार्थना कर रहे हैं, और यह 10 साल हो गए हैं। मैं मंत्रालय में हूँ। मुझे बचाए हुए 10 साल हो गए हैं, लेकिन मैं अभी भी कहीं बंधा हुआ हूँ।

मेरी आत्मा फंस गई है। इसलिए वे मेरे लिए दो घंटे तक प्रार्थना करते हैं। मैं चिल्ला रहा हूँ, वे लड़ रहे हैं, और फिर मैं नीचे आ जाता हूँ।

फिर प्रार्थना करने के बाद मुझे एहसास हुआ कि मेरी जेब में कुछ है। तो मैंने पूछा, मेरी जेब में क्या है? मैंने जाँच की।

मेरी जेब में क्या है? सूखी गर्भनाल।

[जेम्स अलादिरन]

क्या? अब, वैज्ञानिक रूप से, मुझे नहीं पता कि यह समय-समय पर कैसे आगे बढ़ता था। ठीक है, यह पश्चिमी दिमागों को झकझोरने वाला है।

गर्भनाल को तंजानिया के जंगल में एक गांव में दफनाया गया था, और आपको पता था कि वह जगह कहां है। मुक्ति के दौरान, यह आपकी जेब में दिखाई दिया।

[जेम्स कवाल्या]

मेरी जेब में, कंपाला में। तो यह मेरी जेब में दिखाई देता है, मैं इसे देखता हूँ, मैं बता सकता हूँ कि यह एक गर्भनाल है, एक सूखी हुई। आप देख सकते हैं कि यह सूखी है।

मैं बस इतना कहता हूँ, भगवान ने मुझे बचा लिया है। भगवान, यीशु, आपका धन्यवाद। तो मुझे यह मिल गया।

मैंने इसे फेंका नहीं। मुझे घर जाकर इसे जला देना चाहिए। इसलिए मैं घर चला गया जहाँ मैं सो रहा था।

मैं 14 दिन तक घर से दूर रहा। मेरे पास एक कमरा था, एक छोटा सा कमरा।

मैं अकेला रह रहा था। चर्च के एक सदस्य ने मुझे रहने के लिए एक कमरा दे दिया था। जैसी कि मैं उम्मीद कर रहा था क्योंकि मैं घर खरीदने में असमर्थ था।

इसलिए मैं अपने घर वापस जाना चाहता हूँ जहाँ मैं 14 रातों से नहीं गया हूँ। इसलिए मैं वापस जाना चाहता हूँ। मैं बाहर सो रहा हूँ।

मैं जाना चाहता हूँ, लेकिन मैं जश्न मना रहा हूँ। इसलिए मैं अपने कमरे में जाता हूँ, अपना कमरा खोलता हूँ और सो जाता हूँ। फिर अपने बिस्तर पर मुझे एक मरा हुआ अजगर मिलता है।

मृत। मेरे बिस्तर पर। और मुझे पता था कि यह वही अजगर है जिसने मुझे बचपन में स्तनपान कराया था।

तो मुझे नहीं पता कि यह कहाँ से आया, लेकिन यह मेरी निगरानी कर रहा था। इसलिए मुझे चर्च में छोड़ दिया गया। मैं वापस चला गया।

और वह चिन्ह आपके बिस्तर पर भी था? मेरे बिस्तर पर भी। और वह मर चुका है।

तो मैंने शहर के लोगों को बुलाया। उन्होंने उसे बाहर निकाला। मैं एम्बुलेंस में गया, हमने उसे जला दिया।

और हम हैं, और फिर यह दूर चला जाता है। तब मुझे पता चलता है कि मैं मुक्त हो गया हूँ।

[जेम्स अलादिरन]
यह अंत का संकेत है। अंत। और यह कैसे साबित हुआ?

[जेम्स कवाल्या]
कुछ समय बाद मैं उस भगवान के पास वापस जाता हूँ जिसने मुझे मना कर दिया था। मैं कहता हूँ, बहन, क्या तुम अब भी मुझसे शादी करोगी? उसने कहा, मैं जाकर इसके बारे में प्रार्थना करूँगा।

वह चली गई। कुछ दिनों बाद वह आई और बोली, हाँ। और अब वह मेरी पत्नी है।

[जेम्स अलादिरन]

और अब आपकी शादी को कितना समय हो गया है? अब हमारी शादी को 12 साल हो गए हैं। वाह, वाह, वाह।

देखो, अब वह मेरी पत्नी है।

[जेम्स कवाल्या]
और यही इस बात का संकेत है कि मैं मुक्त हो गई क्योंकि अब मैं विवाहित रह सकती थी। मैं विवाह कर सकती थी। और मैं देख सकती थी कि अब सेवकाई बढ़ने लगी है।

तो उसके बाद, 2012 में, जब मेरा प्रसव हुआ और 2011 में मेरी शादी हुई, उसके चार साल बाद, मेरी गवाही राष्ट्रों में पहुँची।

[जेम्स अलादिरन]
और तभी मैंने इसके बारे में सुना। तभी आपने इसके बारे में सुना। और हम इसे रिकॉर्ड कर रहे हैं।

लेकिन आप जानते हैं क्या? मैं समापन से पहले देखने वाले लोगों के लिए प्रार्थना करने जा रहा हूँ। लेकिन जब हम इस जगह पर रिकॉर्डिंग करने के लिए आ रहे थे, तो मुझे एक बहुत ही आश्चर्यजनक बात पता चली, खैर, भविष्य में इसे देखने वालों के लिए, आज, रुको, रुको, रुको, यह जुलाई, 2023 है।

हालाँकि, आपकी माँ पिछले महीने ही बच गई। आखिरी महीने की 12 तारीख को। 12 जून, 2023।

तो इतने सालों के बाद तुमने उसे प्रभु के पास पहुँचाया। दरअसल, मेरे पिता पिछले साल ही गुज़र गए थे।

[जेम्स कवाल्या]

और इस साल, मैंने अपनी माँ के उद्धार के लिए उपवास और प्रार्थना करने का मन बना लिया। आप जानते हैं, मुझे लगा, मुझे यह कहने दो। मेरी आत्मा की गहराई में, मैंने कुछ महसूस किया।

काम पूरा नहीं हुआ था। मुझे लगा कि मेरी माँ को कुछ पता था और उसे पहले ही त्याग देना चाहिए था। हाल ही में, मैं देख सकता था कि वह अपना दिमाग खो रही थी और जब वह जाती थी, तो वह मानसिक रूप से टूट जाती थी।

और मैं कहता रहा, हे प्रभु, यह महिला मरने वाली है। लेकिन मुझे लगता है कि उसके पास कुछ है, मुझे आगे बढ़ने के लिए कुछ करना होगा। इसलिए मैंने उपवास और प्रार्थना करना शुरू कर दिया।

और प्रभु ने कहा, ओह, अब जाओ और उससे बात करो। तो मैं गया, मैं बाहर आया, हम उस विला में गए जहाँ मेरे पिता थे जहाँ उन्हें दफनाया गया था। मैं एक बेटे की तरह उसके साथ बैठा और हमने बातचीत शुरू की।

और मैंने कहा, माँ, भगवान ने मुझे बताया है, तुमने यह किया, तुमने मुझे नहीं बताया। तुमने यह किया, तुमने मुझे नहीं बताया।

[जेम्स अलादिरन]
तुमने यह किया। तो इसमें उससे अलग बातें हैं जो उसने तुम्हें पहले ही बताई थीं। हाँ।

तो यह अन्य बातों पर है।

[जेम्स कवाल्या]

और वह नहीं जानती कि मैं उन्हें जानता हूँ। लेकिन तुम्हें वे रहस्योद्घाटन के द्वारा मिले हैं। रहस्योद्घाटन के द्वारा, हाल ही में, इस वर्ष की शुरुआत में।

तो मैंने सुना कि उसने क्या किया और दूसरी बातें। और माँ, आपने उसे यह नहीं बताया। आपने मेरे साथ ऐसा किया, आपने मेरे पिता के साथ ऐसा किया, आपने हम सबके साथ ऐसा किया।

तुमने यही किया है। लेकिन अब तुम्हें यह कबूल करना होगा। और फिर उसने कहा, तुम्हें कैसे पता चला?

यह एक रहस्य है। मैंने कहा, लेकिन प्रभु ने यह प्रकट किया है, आप जानते हैं, मैं ईश्वर का आदमी हूँ। आप मेरे चर्च में आए हैं, आप मेरी बैठकों में रहे हैं।

हाँ कहो। तो यह तुमने किया। यही करने की ज़रूरत है।

तुम्हें यह कबूल करना होगा। और मैं वहाँ हूँ और वह कहता है, ठीक है, मैंने ऐसा किया, मुझे पता था। लेकिन मुझे लगा कि मैं तुम्हारी मदद कर रहा हूँ।

मुझे लगा कि मैं परिवार की मदद कर रहा हूँ। मैं इसे कैसे बदल सकता हूँ? क्योंकि मैं आपकी सभी बहनों को देखता हूँ, वे किस दौर से गुज़र रही हैं।

और मैं देखता हूँ कि तुम्हारे पिता की मृत्यु कैसे हुई। मुझे पता है कि मैंने यही किया है। इसलिए मैं उसे कबूलनामे के लिए ले जाता हूँ।

और कबूल करने के बाद, मैं उससे कहता हूँ, क्या तुम प्रभु पर विश्वास करना चाहती हो? वह स्वीकार करती है, वह अपना जीवन यीशु को देती है। और जब उसने स्वीकार किया, तो कुछ हुआ, मेरा मतलब है,

जब उसने स्वीकार किया, तो मैंने प्रभु को यह कहते हुए सुना, अब तुम राष्ट्रों में जाकर मेरा काम करने के लिए स्वतंत्र हो।

मुझे आश्चर्य है कि अब यह रिकॉर्डिंग हो रही है, क्योंकि मैं अपनी गवाही साझा कर रहा हूँ। मैंने इसे पहले कभी इस तरह रिकॉर्ड नहीं किया, मैंने कभी नहीं किया। और मुझे पता था, अब जब ऐसा हुआ, तो कोई आश्चर्य नहीं कि अब इस बार, यह संदेश अब है, क्योंकि यह अब पूरा हो गया है।

[जेम्स अलादिरन]
और यह पिछले महीने की ही बात है। और हम यहाँ रिकॉर्डिंग कर रहे हैं।

[जेम्स कवाल्या]
और इसलिए यह पिछले महीने हुआ, क्योंकि उसे कबूलनामा करना था, उसने क्या किया, उसने कैसे सामना किया और इसे पूर्ववत कैसे किया। इसलिए मैंने उसे उस प्रार्थना में शामिल किया। हमने इसे तोड़ दिया।

हमने उसे खत्म कर दिया। उसने एक महीने पहले ही यीशु को अपना जीवन समर्पित किया था। और अब इस महीने, हम यहाँ हैं।

वाह, वाह, वाह। और मेरा मानना है कि यह भविष्यवाणी थी। यही कारण था कि उसे ऐसा करना पड़ा।

और फिर मुझे आकर पढ़ना पड़ा। कई बार लोग इसे रिकॉर्ड करना चाहते थे और इसे शेयर करना चाहते थे, लेकिन मुझे लगा कि यह सही समय नहीं है। लेकिन दूसरी चीजें भी हैं, कभी-कभी मुझे नहीं लगता कि यह सही समय है या कुछ ऐसा हो जाता है और फिर प्रतिरोध होता है।

लेकिन अब मैं देख सकता था कि प्रभु ने इसे रिकॉर्ड करके भेजने का प्रबंध किया है, क्योंकि अब कहानी पूरी हो चुकी है। दुश्मन के पास कोई कानूनी अधिकार नहीं है। मेरी माँ या मेरे पिता या मेरे लोगों ने मेरे जीवन पर जो कुछ भी किया हो, अब उसका कोई कानूनी अधिकार नहीं है क्योंकि मेरी माँ ने कबूल कर लिया है।

मेरे पिता, जब वे मर गए, तो उन्होंने अपना जीवन यीशु मसीह को समर्पित कर दिया था, लेकिन मेरी माँ अभी भी उसी में थीं। इसलिए मैं इस यात्रा के लिए भगवान का शुक्रिया अदा करता हूँ। और मैं यह कहना चाहता हूँ कि इस सब में, यीशु प्रभु हैं।

क्योंकि अगर यह यीशु मसीह की शक्ति नहीं होती, तो 23 साल से मैं प्रभु को जानता हूँ, अब 24वें साल में, मैं हमेशा लोगों से कहता हूँ, मैंने शैतान और शैतान की शक्ति, अंधकार की शक्ति देखी है, लेकिन सबसे बड़ी शक्ति है, जो यीशु मसीह है। और यही शुरुआती बिंदु है। अगर आपने अपना जीवन यीशु मसीह को नहीं दिया है, तो आपको ऐसा करना चाहिए।

अगर आपको संदेह है, लेकिन मैं हमेशा लोगों से कहता हूँ, अगर आप रहस्यवाद में हैं, तो आप इसे शुरू कर सकते हैं, या आप इसे खुद शुरू कर सकते हैं, या कोई दोस्त या परिवार, यह अंत नहीं है। आप बाहर निकल सकते हैं। मैं हमेशा लोगों से कहता हूँ, अगर यीशु ने मुझे बचाया, तो हर कोई बचाया जा सकता है।

यदि यीशु ने मुझे मुक्ति दिलाई, क्योंकि मैं, आप जानते हैं, विशेष रूप से अफ्रीका में, यहाँ तक कि दुनिया के अन्य भागों में भी, लोग जो खुद को जादू-टोने, जादू-टोने, शैतानवाद, सभी रहस्यमयी चीजों और अन्य चीजों में फँसा हुआ पाते हैं, जो लोग कर रहे हैं, जो उनकी आत्माओं को पीड़ा पहुँचा रहे हैं। एक है जो आपकी आत्मा से प्यार करता है, वह है

यीशु मसीह। और वह अभी भी हमें इससे बाहर आने के लिए बुलाता है।

उस बंधन से बाहर आइये। उस डर से बाहर आइये। मदद मांगिये।

अपनी आत्मा की चिकित्सा और अपने जीवन की मुक्ति की तलाश करें, क्योंकि यही रास्ता है। मैं ईश्वर का धन्यवाद करता हूँ जिसने मुझे बचाया। और मैं ईश्वर का धन्यवाद करता हूँ जिसने मुझे चंगा किया।

मेरी यात्रा में 10 साल लगे। इसका मतलब यह नहीं है कि आपकी यात्रा में भी 10 साल लगेंगे। इसमें कुछ दिन लग सकते हैं।

मुझे 10 साल लग गए क्योंकि शायद यह बहुत ज़्यादा था, या मुझे खुद को बचाने वाला सत्य नहीं मिला, क्योंकि यह सत्य ही है जो आपको बचाता है। इसलिए अगर मुझे वह सत्य मिल गया जो मुझे बचाता है, तो मुझे 10 साल लग गए। आपके लिए, इसमें दो, एक या कुछ महीने लग सकते हैं।

मैंने लोगों को देखा है, आप जानते हैं, भगवान ने मुझे दुनिया भर में लोगों को जादू-टोने से बचाने के लिए इस्तेमाल किया है, जहाँ भगवान ने हमारे चर्चों में, हमारे मंत्रालयों में कहा, यह मेरा मंत्रालय है, लोगों को छुड़ाना, विश्वविद्यालयों में युवा लोगों, घरों में जो शैतानी शक्तियों में चले गए हैं। आप जानते हैं, हमारे दर्शक, जो देख रहे हैं, उन्हें लग सकता है कि यह दूर की कौड़ी है। मैंने पादरियों को यह कहते हुए देखा है, मैं इसमें विश्वास नहीं करता।

यह तब तक नहीं होता जब तक कि यह उनका बेटा न हो। जब एक बेटा कहता है, डैडी, मैं इसमें शामिल हूं। मैं रहस्यवाद में शामिल हूं।

मैं शैतानवाद में शामिल हूँ। आप जानते हैं, हम ऐसे दिनों में हैं जब यह हर जगह है, हमारे घरों में, हमारे स्कूलों में, हमारे चर्चों में, हमारे समुदायों में, लेकिन कभी-कभी हम इनकार में रहते हैं। अगर कोई है तो प्रभु के लिए अपने दिल खोलने का समय आ गया है, क्योंकि आपने देखा होगा कि कई पादरियों के बच्चों को गुप्त विद्रोह में ले जाया गया है, लेकिन उनके पीछे आत्माएँ हैं।

वे प्रेतबाधित हैं। आप जानते हैं, उन्हें बंदी बना लिया गया है, और ऐसा होना ही चाहिए, परमेश्वर अंधकार के मार्ग को तोड़ने और लोगों को बंदी से बचाने के लिए मध्यस्थों की एक सेना खड़ी कर रहा है। जब यीशु ने कहा, प्रभु की आत्मा मुझ पर है और 18 की तलाश करो।

उसने मुझे गरीबों को उपदेश देने के लिए अभिषिक्त किया है। उसने मुझे बचाया है। तो 18 और उससे नीचे की ओर देखें, यह जेलों को खोलने और कैद से निपटने के बारे में है क्योंकि कैद, आप जानते हैं, कुछ लोगों को उनके माता-पिता द्वारा शुरु किया गया था।

अन्य, वे बहुत ज़्यादा दुर्व्यवहार में थे। उन्हें कई जगहों पर ले जाया गया और यौन दुर्व्यवहार किया गया, लेकिन उन्हें दीक्षा देने के लिए एक अनुष्ठान के रूप में। अन्य, मेरे दोस्तों, जैसे युगांडा में, मैंने स्कूल में युवा लोगों को देखा है जिन्हें उनके दोस्तों द्वारा शैतानवाद, गुप्त विद्या में दीक्षित किया गया था, और वे खुद को इन समाजों, गुप्त समाजों में पाते हैं, और फिर वे फंस जाते हैं।

लेकिन यीशु ने मत्ती 16, 26 में कहा, एक व्यक्ति को संसार को खाने और फिर अपनी आत्मा को खोने से क्या लाभ? इसलिए मैं अपने लोगों से कहना चाहता हूँ जो इस गवाही को देख रहे हैं, अपनी आत्मा को मत खोइए। ऐसा मत करो, आपने लोगों को कहीं अपनी बातचीत में यह

कहते सुना होगा कि उन्होंने अपनी आत्मा शैतान को बेच दी, कुछ धन के लिए, दूसरे प्रसिद्धि के लिए।

और कोई देख रहा हो सकता है और आप उन लोगों में से एक हैं जिन्होंने प्रसिद्धि या धन के लिए अपनी आत्मा शैतान को बेच दी है। और आप एक सेलिब्रिटी बन जाते हैं, आप यह सब कर रहे हैं, लेकिन आप जानते हैं, आपकी आत्मा खो गई है। आप दुष्ट के साथ वाचा में बंधे हैं, लेकिन एक रास्ता है।

आप बाहर आ सकते हैं.

[जेम्स अलादिरन]
मैं चाहता हूँ कि आप मुझे यहाँ संबोधित करें, क्योंकि आपने जो कहा है उसके अलावा भी, जो लोग आघात, बलात्कार, अनाचार, सभी प्रकार की राक्षसी चीजों से गुज़रे हैं, उनके अतीत में ऐसा होता है। और वे आपकी बात सुनकर एक ऐसी जगह पर हैं जहाँ वे पूरी तरह से उत्तेजित हैं, उन्हें पता है कि उन्हें अपने संसार में नए तरीके से प्रवेश करने के लिए ईश्वर की आवश्यकता है। जैसा कि हम इस रिकॉर्डिंग को समाप्त कर रहे हैं, मैं चाहता हूँ कि आप बस कुछ समय निकालकर देखने वाले लोगों के लिए प्रार्थना करें।

आप जानते हैं, कई लोगों के लिए, यह एक जागृति है। उन्होंने पहले कभी ऐसा कुछ नहीं सुना है, और वे आपके द्वारा कही गई कुछ बातों से सहमत हो सकते हैं। और जैसा कि पवित्र आत्मा आपको मार्गदर्शन करता है, मैं चाहूंगा कि आप अभी जो देख रहे हैं उनके लिए प्रार्थना करने में कुछ क्षण बिताएं।

मुझे भी ऐसा ही लगता है।

अध्याय 13 - अपना जीवन यीशु को सौंपें – मुक्ति और पुनर्स्थापना की प्रार्थना

[जेम्स कवाल्या]
पहली बात जो मैं प्रार्थना कर रहा हूँ कि यदि आप देख रहे हैं और आपने अपना जीवन यीशु मसीह को नहीं दिया है, और वैसे, आप कैमरे की ओर देख सकते हैं। यही वह क्षण है। यह समय है अपना जीवन यीशु मसीह को देने का, अपने पापों को स्वीकार करने का और प्रभु यीशु मसीह को अपने उद्धारकर्ता के रूप में स्वीकार करने का।

आप मेरे साथ यह प्रार्थना कर सकते हैं और कह सकते हैं, प्रभु यीशु, मैं स्वीकार करता हूँ कि मैंने पाप किया है। मैं आपसे अपने जीवन में आने के लिए कहता हूँ। मैं आपको अपने प्रभु और उद्धारकर्ता के रूप में स्वीकार करता हूँ।

मेरा नाम मौत की किताब से हटाओ और इसे जीवन की किताब में लिखो। प्रार्थना करो और कहो, मैं शैतान का त्याग करता हूँ। मैं वाचाओं और बुराई के तर्कों का त्याग करता हूँ।

और मैं अपना जीवन तुम्हें समर्पित करता हूँ ताकि तुम मेरे प्रभु और उद्धारकर्ता बनो, यीशु के नाम पर। तो तुम हो, अगर तुम फिर से पैदा नहीं हुए हो, तो तुम अब फिर से पैदा हो। अब तुम्हारे लिए फिर से जन्म लेने का अगला कदम वाचाओं को स्वीकार करना और उनका त्याग करना है।

और साथ ही किसी की मदद भी लें। क्योंकि मैं कहना चाहता हूँ कि कभी-कभी यह राक्षसों को बाहर निकालने के बारे में नहीं होता, बल्कि उपचार, विशेष रूप से भावनात्मक उपचार के बारे में होता है। सभी बंधन भावनात्मक दुर्व्यवहार में समाप्त होते हैं।

शैतान के संपर्क में आने से आपको दर्द, दुर्व्यवहार और शर्मिंदगी का सामना करना पड़ेगा। और मैं आज बहुत से लोगों को जानता हूँ, शर्मिंदगी और दुर्व्यवहार और इस तरह की सभी चीज़ों का मुद्दा आपको परेशान कर रहा है। इसलिए मैं प्रार्थना करता हूँ कि आप एक ऐसी जगह की तलाश करें जहाँ आप ठीक हो सकें।

यदि आप युवा पुरुष हैं, आप युवा महिलाएँ हैं जो खुद को अंधकार की शक्तियों में पाती हैं, बेची गई हैं, खोजिए और कबूल कीजिए। किसी को ढूँढ़िए और अपनी कहानी साझा कीजिए। जेम्स, प्रार्थना करने से पहले मैं यह कहना चाहता हूँ।

जितना ज़्यादा मैं अपनी कहानी साझा करता हूँ, उतना ही मैं ठीक होता हूँ। अभी भी, जब भी मैं अपनी कहानी साझा करता हूँ, कुछ न कुछ होता है। यह ऐसा है जैसे, कहो, इसे मत छिपाओ।

मैं किसी से कह रहा हूँ, अपनी कहानी मत छिपाओ। कहो, साझा करो। जितना ज़्यादा तुम साझा करोगे, उतना ज़्यादा तुम ठीक होगे।

मैंने इस गवाही को कई बार अलग-अलग मंचों पर साझा किया है, लेकिन हर बार जब मैं इसे साझा करता हूँ, यहाँ तक कि अभी भी, क्योंकि जैसा कि मैं आपको बता रहा था, हर बार जब मैं इसे साझा करता हूँ, तो मैं उसी अनुभव से गुज़रता हूँ। दर्द, अस्वीकृति। मुझे एक बच्चे के रूप में अस्वीकार कर दिया गया था।

मेरे साथ दुर्व्यवहार किया गया। मेरे साथ छेड़छाड़ की गई। मुझे सब पता है कि क्या-क्या होता है, लेकिन हर बार जब मैं इसे साझा करती हूँ, तो आप जानते हैं, कभी-कभी ये सब साझा करना शर्मनाक होता है।

जैसे मेरे बच्चे हैं, वैसे ही मेरे पास ज़रूरतमंद लोग भी हैं। जब मैं कहती हूँ कि पुरुषों द्वारा पाँच साल तक मेरा यौन शोषण किया गया, तो कभी-कभी यह शर्मनाक लगता है। लेकिन जितना ज़्यादा मैं इसे साझा करती हूँ, मैं रोशनी में चलती हूँ।

और हर बार जब मैं इसे साझा करता हूँ, तो मैं ठीक हो जाता हूँ। इसलिए चुप्पी तोड़ो। अब और चुप मत रहो।

यही बात अब चुप रहने वाले लोग नहीं कहते। अगर आपके साथ किसी रिश्तेदार, दोस्त, शिक्षक या किसी और ने दुर्व्यवहार किया है, तो किसी को बताएं, अपने पादरी को बताएं, किसी काउंसलर को बताएं और कहें, मेरे साथ भी बचपन में ऐसा हुआ था। मुझे छोड़ दिया गया था।

मेरे साथ दुर्व्यवहार किया गया। मेरे साथ ऐसा हुआ और मुझे बेच दिया गया। और इसलिए जितना अधिक आप स्वीकार करेंगे, उतना ही अधिक प्रभु आपको बचाएगा।

इसलिए खुले रहें, एक दूसरे के सामने अपने पापों को स्वीकार करें और चंगे हो जाएँ। इसलिए मैं अभी चंगे होने के लिए प्रार्थना करता हूँ। पहला कदम चंगा होना है।

पिता, चंगा करने के लिए अपना वचन भेजो। मैं जानता हूँ कि कुछ लोग ऐसी यादें हैं जिन्हें छोड़ नहीं पाते। वे यादें जो उन्होंने सालों से संभाली हुई हैं, प्रभु।

त्याग की यादें। कुछ को गर्भ में ही त्याग दिया गया था। पिताओं ने उन्हें त्याग दिया था।

कुछ लोग बिक गए। कुछ ने खुद को उजागर कर दिया। हे पिता परमेश्वर, मैं अभी उपचार के आशीर्वाद के लिए प्रार्थना करता हूँ।

चंगा करने की शक्ति, अभी नीचे आओ। उस आत्मा को चंगा करो। पिता, उस महिला को चंगा करो जिसे त्याग दिया गया था और जिसे धोखा दिया गया था।

वह परिवार जो युद्ध से गुजरा, जो विश्वासघात से गुजरा, जो हत्या के आघात से गुजरा। मैं प्रार्थना करता हूँ, हे महिमा के राजा, कि अभी यीशु के शक्तिशाली नाम में उन्हें चंगा करने की शक्ति उतरेगी। प्रभु यीशु, आपके कोड़ों से हम चंगे हुए हैं।

वे ठीक हो गए हैं। वह युवक ठीक हो गया है। वह लड़का जो नशे का आदी है, ठीक हो गया है।

वह महिला जिसका बलात्कार हुआ था, उसे चंगा किया जाए। वह लड़का जिसके साथ छेड़छाड़ और यौन दुर्व्यवहार किया गया था। हे प्रभु, मैं अभी प्रार्थना करता हूँ, उन्हें उस स्थान पर खोजें।

वह जगह जहाँ यह हुआ। उस घर में। उस कमरे में।

उस क्षेत्र में। उस स्थान पर जहाँ यह हुआ, महिमा का राजा। जहाँ आत्मा खंडित और फँसी हुई थी।

मैं प्रार्थना करता हूँ कि महिमा के राजा, आप उन्हें ढूँढ़ें और फँसे हुए और खंडित आत्मा को इकट्ठा करें। इसे एक साथ लाएँ। हे ईश्वर, पुनर्स्थापित करें।

उस औरत को वापस लाओ। उस आदमी को वापस लाओ। उसका जीवन वापस लाओ, हे महिमा के राजा।

उस परिवार को पुनःस्थापित करो जो बिखर गया है। उस विवाह को पुनःस्थापित करो जो टूट गया है। महिमा के राजा, परमेश्वर के उस आदमी को पुनःस्थापित करो जिस पर इसलिए हमला किया गया क्योंकि उसे इस बारे में पता नहीं था।

जब दुश्मन ने एजेंट भेजे और उसकी सेवकाई को बदनाम किया। मैं महिमा के राजा से प्रार्थना करता हूँ कि आप उसे चंगाई और शुद्धि के स्थान पर वापस ले आएँ। मैं यीशु के नाम पर चंगाई और शुद्धि के लिए प्रार्थना करता हूँ।

कोई देख रहा है, मैं तुम्हारे उपचार और तुम्हारी शुद्धि के लिए प्रार्थना करता हूँ। तुम गंदे महसूस करते हो। तुम अयोग्य महसूस करते हो।

आप खुद को नकारा हुआ महसूस करते हैं। मैं अभी प्रार्थना करता हूँ कि प्रभु आपको चंगा और शुद्ध करें। मैं यीशु के नाम पर चंगा और शुद्ध करने के लिए यही महसूस करता हूँ।

उपचार और शुद्धिकरण। अपनी आत्मा, प्राण और शरीर को स्वस्थ करना। अधार्मिक आत्मा, प्राण और शरीर के बंधनों को तोड़ना।

जीवित परमेश्वर के पुत्र यीशु मसीह के नाम पर अभी उन्हें तोड़ रहा हूँ। मैं सभी संबंध और सभी वाचाएँ तोड़ता हूँ। पिता परमेश्वर, यीशु मसीह के लहू में नई वाचा स्थापित करें।

इस आदमी और इस औरत पर एक बेहतर वाचा बोलो। उन्हें जाल से निकालो। उन्हें धोखे से निकालो।

उन्हें दुष्ट के भय और पीड़ा से उबारो। मैं जीवित परमेश्वर के पुत्र यीशु मसीह के नाम पर प्रार्थना करता हूँ कि जेल के दरवाज़े खोले जाएँ। मैं इस महिला और उस आदमी को गड्ढे से, अस्वीकृति के गड्ढे से, जादू-टोने के गड्ढे से, दुर्व्यवहार के गड्ढे से, आघात के गड्ढे से बाहर निकालता हूँ।

हे प्रभु, उसे उठाओ और गड्ढों से बाहर निकालो। और हे प्रभु, मैं जीवित परमेश्वर के पुत्र यीशु मसीह के शक्तिशाली नाम में प्रार्थना करता हूँ, उस व्यक्ति पर अपना प्रकाश चमकाओ। उस बच्चे पर अपना प्रकाश चमकाओ, उस बच्चे पर जो पिता की तलाश और लालसा कर रहा है, माँ की लालसा कर रहा है, स्वीकृति की लालसा कर रहा है।

पिता परमेश्वर, मैं प्रार्थना करता हूँ कि आपके प्रेम का प्रकाश, आपका प्रेम उस पर चमके। आपकी शक्ति अभी उस पर आए। और मैं आपको स्वतंत्र घोषित करता हूँ।

मैं घोषणा करता हूँ कि तुम चंगे हो गए हो। मैं घोषणा करता हूँ कि तुम आज़ाद हो गए हो। मैं घोषणा करता हूँ कि तुम चंगे हो गए हो।

मैं आपको जीवित परमेश्वर के पुत्र यीशु मसीह के नाम पर शुद्ध घोषित करता हूँ। यह हो गया है। हाँ।

यीशु के नाम में। हाँ। आमीन।

आमीन। इसलिए यदि आपने प्रार्थना की है, तो सहायता मांगिए। प्रभु आपकी सहायता करेंगे।

और आप जानते हैं, हमने इस कहानी का सारांश दिया है, जेम्स। इसमें और समय लग सकता है, क्योंकि ऐसी बहुत सी चीजें हैं जिन्हें हमें

सीखना था। लेकिन मैं प्रार्थना करता हूँ कि हम जो सारांश देंगे वह एक गवाही होगी।

[जेम्स अलादिरन]
खैर, यह एक बहुत बड़ा आशीर्वाद है। सुनो, यह तुम्हारा यू.के. में पहला दौरा है। इस गवाही को कैद करना मेरे दिल में था।

मैंने वास्तव में इसे रिकॉर्ड करने के लिए युगांडा जाने के बारे में सोचा था। लेकिन फिर हमने सोचा, चलो आपको यहाँ ले आते हैं। तो इसे रिकॉर्ड करते हुए लगभग तीन घंटे हो गए।

मुझे नहीं पता था कि इसमें इतना समय लगेगा, लेकिन यह इसके लायक था। और मुझे उम्मीद है कि आप जो देख रहे हैं, वह धन्य हो गया होगा। इसलिए पादरी जेम्स का मंत्रालय राष्ट्रों में है।

वह मध्यस्थों को उठाता है। आप उसे ऑनलाइन देख सकते हैं। उसके पास एक किताब भी है।

आप इसे देख सकते हैं। इसका नाम है डिलिवरेंस फ्रॉम डीप डार्कनेस। आप इसे ऑनलाइन भी देख सकते हैं।

यह अमेज़न पर है। हाँ। हाँ।

तो आप जेम्स कवालिया की जांच कर सकते हैं। उन्हें अमेज़न पर खोजें। किताब प्राप्त करें।

इनमें से बहुत सी कहानियाँ और भी बहुत कुछ है। देखने के लिए धन्यवाद। इसे किसी के साथ साझा करें, यह उनके लिए एक आशीर्वाद होगा।

देखने के लिए धन्यवाद और जल्द ही आपसे मुलाकात होगी। भगवान भला करे।

निष्कर्ष – निर्णय का समय

उद्धार की कहानी – उद्धार की प्रार्थना – उद्धार की प्रार्थना – परमेश्वर के साथ हमारी पहली वास्तविक बातचीत

"मुक्ति की प्रार्थना" सबसे महत्वपूर्ण प्रार्थना है जो हम कभी भी करेंगे। जब हम ईसाई बनने के लिए तैयार होते हैं, तो हम परमेश्वर के साथ अपनी पहली वास्तविक बातचीत करने के लिए तैयार होते हैं, और ये इसके घटक हैं:

- हम स्वीकार करते हैं कि यीशु मसीह परमेश्वर है; वह इस पृथ्वी पर मनुष्य के रूप में आया ताकि वह पाप रहित जीवन जिए जिसे हम नहीं जी सकते; वह हमारे स्थान पर मरा, ताकि हमें वह दण्ड न भुगतना पड़े जिसके हम पात्र हैं।
- हम अपने पिछले पापमय जीवन को स्वीकार करते हैं - अपने लिए जीना और परमेश्वर की आज्ञा का पालन न करना।
- हम स्वीकार करते हैं कि हम यीशु मसीह पर अपने उद्धारकर्ता और प्रभु के रूप में भरोसा करने के लिए तैयार हैं।
- हम यीशु से प्रार्थना करते हैं कि वह हमारे हृदय में आये, वहाँ निवास करे, और हमारे द्वारा जीवन जीना आरम्भ करे।

उद्धार की प्रार्थना – यह ईश्वर में विश्वास से शुरू होती है

जब हम उद्धार की प्रार्थना करते हैं, तो हम परमेश्वर को यह बता रहे होते हैं कि हम मानते हैं कि उसका वचन सत्य है। उसने हमें जो विश्वास दिया है, उसके द्वारा हम उस पर विश्वास करना चुनते हैं। बाइबल हमें बताती है कि " *विश्वास के बिना उसे प्रसन्न करना असंभव है, क्योंकि जो परमेश्वर के पास आता है, उसे विश्वास करना चाहिए कि वह है, और वह उन लोगों को प्रतिफल देता है जो परिश्रम से उसके खोजते हैं*" (इब्रानियों 11:6)।

इसलिए, जब हम प्रार्थना करते हैं, परमेश्वर से उद्धार का उपहार माँगते हैं, तो हम अपनी स्वतंत्र इच्छा का प्रयोग करके यह स्वीकार करते हैं कि हम उस पर विश्वास करते हैं। विश्वास का यह प्रदर्शन परमेश्वर को प्रसन्न करता है, क्योंकि हमने उसे जानने का स्वतंत्र रूप से चुनाव किया है।

उद्धार की प्रार्थना – अपने पापों को स्वीकार करना

जब हम उद्धार की प्रार्थना करते हैं, तो हम स्वीकार करते हैं कि हमने पाप किया है। जैसा कि बाइबल सभी के बारे में कहती है, केवल मसीह को छोड़कर: " *क्योंकि सब ने पाप किया है और परमेश्वर की महिमा से रहित हैं*" (रोमियों 3:23)।
पाप करना बस लक्ष्य से चूक जाना है, जैसे कि तीर निशाने पर ठीक से नहीं लगता। परमेश्वर की महिमा जिससे हम चूक जाते हैं, वह केवल यीशु मसीह में ही पाई जाती है: " *क्योंकि परमेश्वर ही है जिसने अंधकार में से ज्योति को चमकने की आज्ञा दी, और जो हमारे हृदयों में चमका कि परमेश्वर की महिमा की पहचान की ज्योति यीशु मसीह के चेहरे से दे*" (2 कुरिन्थियों 4:6)।
उद्धार की प्रार्थना, इस प्रकार, यह स्वीकार करती है कि यीशु मसीह ही एकमात्र मनुष्य है जो पाप रहित जीवन जीता है। " *क्योंकि जो पाप से अज्ञात था, उसी को उसने हमारे लिये पाप ठहराया कि हम उसमें होकर परमेश्वर की धार्मिकता बन जाएँ*" (2 कुरिन्थियों 5:21)।

उद्धार की प्रार्थना – मसीह को उद्धारकर्ता और प्रभु के रूप में मानना

मसीह को अपनी पूर्णता का मानक मानकर, हम अब प्रेरित यूहन्ना के साथ सहमति जताते हुए, उनमें ईश्वर के रूप में विश्वास को स्वीकार कर रहे हैं कि: " *आदि में वचन (मसीह) था, और वचन परमेश्वर के साथ था, और वचन परमेश्वर था। वह आदि में परमेश्वर के साथ था। सब कुछ उसी के द्वारा उत्पन्न हुआ, और जो कुछ उत्पन्न हुआ है, उसमें से कुछ भी उसके बिना उत्पन्न नहीं हुआ*" (यूहन्ना 1:1-3)।

क्योंकि परमेश्वर केवल एक परिपूर्ण, पाप रहित बलिदान को स्वीकार कर सकता था, और क्योंकि वह जानता था कि हम संभवतः ऐसा नहीं कर सकते, इसलिए उसने अपने पुत्र को हमारे लिए मरने और अनन्त मूल्य चुकाने के लिए भेजा। " *क्योंकि परमेश्वर ने जगत से ऐसा प्रेम रखा कि उसने अपना एकलौता पुत्र दे दिया, ताकि जो कोई उस पर विश्वास करे, वह नाश न हो, परन्तु अनन्त जीवन पाए।*" (यूहन्ना 3:16)।

उद्धार की प्रार्थना – इसे अभी कहो और इसका पालन करो!

क्या आप अब तक पढ़ी गई हर बात से सहमत हैं? अगर आप सहमत हैं, तो यीशु मसीह में अपना नया जीवन शुरू करने के लिए एक पल भी इंतज़ार न करें। याद रखें, यह प्रार्थना कोई जादुई फ़ॉर्मूला नहीं है। आप बस अपने दिल की बात भगवान से कह रहे हैं। हमारे साथ यह प्रार्थना करें:

"पिता, मैं जानता हूँ कि मैंने आपके नियमों को तोड़ा है और मेरे पापों ने मुझे आपसे अलग कर दिया है। मैं सच में माफी चाहता हूँ, और अब मैं अपने पिछले पापपूर्ण जीवन से दूर होकर आपकी ओर मुड़ना चाहता हूँ। कृपया मुझे माफ़ करें, और मुझे फिर से पाप करने से बचने में मदद करें। मेरा मानना है कि आपका बेटा, यीशु मसीह मेरे पापों के लिए मर गया, मृतकों में से पुनर्जीवित हुआ, जीवित है, और मेरी प्रार्थना सुनता है। मैं यीशु को अपने जीवन का प्रभु बनने, आज से मेरे दिल में शासन करने और राज करने के लिए आमंत्रित करता हूँ। कृपया मुझे आपकी आज्ञा मानने और अपने बाकी जीवन में आपकी इच्छा पूरी करने में मदद करने के लिए अपनी पवित्र आत्मा भेजें। यीशु के नाम में मैं प्रार्थना करता हूँ, आमीन।"

मुक्ति की प्रार्थना - मैंने प्रार्थना कर ली; अब क्या?

यदि आपने उद्धार की यह प्रार्थना सच्चे विश्वास और हृदय से की है, तो आप अब यीशु के अनुयायी हैं। यह एक तथ्य है, चाहे आप कुछ अलग महसूस करें या न करें। धार्मिक प्रणालियों ने आपको यह विश्वास दिलाया होगा कि आपको कुछ महसूस

करना चाहिए - एक गर्म चमक, एक झुनझुनी, या कोई अन्य रहस्यमय अनुभव। तथ्य यह है कि, आप ऐसा कर सकते हैं या नहीं भी कर सकते हैं। यदि आपने उद्धार की प्रार्थना की है और इसे गंभीरता से किया है, तो आप अब यीशु के अनुयायी हैं। बाइबल हमें बताती है कि आपका शाश्वत उद्धार सुरक्षित है! " *कि यदि तू अपने मुँह से प्रभु यीशु को अंगीकार करे और अपने हृदय से विश्वास करे कि परमेश्वर ने उसे मरे हुओं में से जिलाया है, तो तू निश्चय उद्धार पाएगा*" (रोमियों 10:9)।

परमेश्वर के परिवार में आपका स्वागत है! हम आपको प्रोत्साहित करते हैं कि आप अभी एक स्थानीय चर्च खोजें जहाँ आप बपतिस्मा ले सकें और परमेश्वर के वचन, बाइबल के माध्यम से उसके ज्ञान में बढ़ सकें।
आप हमारी साइट www.otakada.org पर भी जा सकते हैं जो आपको मसीह में विकसित होने और बढ़ने में मदद करेगी
यीशु को स्वयं खोजने के लिए डिस्कवरी बाइबल अध्ययन में इस लिंक का उपयोग करें https://www.otakada.org/dbs-dmm/

40-दिवसीय शिष्यत्व यात्रा

https://www.otakada.org/get-free-40-days-online-discipleship-course-in-a-journey-with-jesus/ के माध्यम से अपनी गति से 40-दिवसीय यात्रा ऑनलाइन शुरू कर सकते हैं।
यदि आपको मार्गदर्शन की आवश्यकता हो तो info@otakada.org पर ईमेल भेजें
प्रभु आपके जीवन को विस्तृत करें और आपको आनंद, शांति, प्रेम और सद्भाव से भर दें जो केवल वही दे सकता है, आमीन

आपके लिए प्रश्न!

आज साझा की गई जानकारी, क्या यह आपको समझ में आती है? यदि हाँ, तो आगे की जानकारी दें।
आगे बढ़ते हुए, आप क्या अलग करेंगे? तुरंत शुरू करने की प्रतिबद्धता लें!
यदि आपके पास अनुवर्ती प्रश्न हैं, तो बेझिझक हमें लिखें, कॉल करें या चैट करें क्योंकि हमें विश्वास है कि परमेश्वर की आत्मा आपकी कल्पना से परे उत्तर देगी। हम आपको वह सब करने के लिए तैयार करने के लिए यहाँ हैं जो परमेश्वर ने आपको बनने और यीशु के नाम पर करने के लिए बुलाया है

www.ingramcontent.com/pod-product-compliance
Lightning Source LLC
LaVergne TN
LVHW010934051026
849532LV00003B/969
* 9 7 9 8 3 4 9 5 2 2 8 6 4 *